入門 トランプ政権

はじめに

トランプが変える米国、世界、日本

世界が米国の新大統領とその政策を、固唾《かたず》をのんで見守っている。果たして厄災が降りかかるのか、激震の後に安定は訪れるのか。

どんなに奇抜に見えようとも、米国の大統領は国民の抱く怒りや不満、そして希望を跳躍台にホワイトハウス入りする。決して国民の思いとかけ離れた志を持つことはない。

奇抜な言動が注目されるドナルド・トランプ第45代大統領もその意味で、今の米国を象徴する。これまでと異なるのはトランプのような異端児、破壊力を使わなければ、米国再建はあり得ないとこの国の多数派は結論付けたことだ。何しろ米国史上初めて、政治家でなく、これといった官歴、軍歴もない新しいタイプの大統領なのである。

トランプはどんな政権運営をするのだろうか。派手な言葉が躍った選挙キャンペーンとは異なる統治能力が必要となる。つぶそうとするワシントンの守旧派に抗し、トランプは破天荒な公約を貫徹しようともがくに違いない。両者のぶつかり合いは、米国を混沌に突き落とすかもしれない。

トランプの世界との向き合い方は、未知そのものである。中国との覇権争い、ロシアとの角逐は局面が一変するのだろうか。同盟国の命運など「知ったこっちゃない」と言わんばかりの「米国第一主義」大統領の登場は、戦後70余年、静穏を基調としてきた日米関係にとって激震である。

「入門　トランプ政権」では豊富なワシントン取材経験と鋭い分析で知られる春名幹男早稲田大学大学院客員教授と会田弘継青山学院大学教授が「トランプ政権」をテーマに対談し、その淵源と行方を予想した。政策の各論については共同通信の海外、国内の専門記者が分析し、沢井俊光外信部長が取りまとめた。第2章、第3章は一部共同通信の配信海外記事を加筆し再録した。

そして謎多いトランプ次期大統領の素顔に迫るため、その人物像、家族や側近の紹介、演説集、そしてトランプ政権を読み解くキーワード解説を収録した。

トランプ大統領は米国、世界、そして日本をどう変えるのか。この本がその理解のヒントとなることを願っている。

共同通信社論説委員長　杉田弘毅

目次

装丁◎和田耕治

12人の仲間たち

（ゲッティ）

トランプを支える

●ドナルド・トランプのプロフィール

◆年　　齢　1946年6月14日生まれの70歳

◆出 身 地　ニューヨーク

◆職　　業　不動産王（倒産歴4回）タレント業も、公職経験なし

◆身　　長　約190cm

◆体　　重　107kg

◆学　　歴　ペンシルベニア大ウォートン校

◆資産総額　37億ドル（約3900億円）

ビル：ニューヨークの58階建て「トランプタワー」をはじめ各所に高層ビルを所有

ホテル、マンション：ラスベガスやシカゴ、ワシントンに所有

ゴルフ場：米国やスコットランド、アイルランドに10以上のゴルフリゾートやコースを所有

航空機：旅客機1機、ヘリコプター3機、小型ビジネスジェット1機

現金や流動資産：2億3000万ドル

ビジネス展開：カナダ、ハワイ、バリ島、インド、トルコ、フィリピン、ドバイなど

その他：ワイナリー

（米誌フォーブスなどによる）

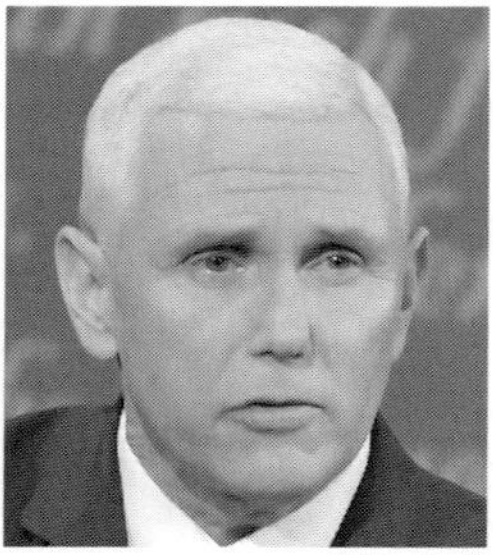

（UPI=共同）

副大統領

マイク・ペンス

宗教保守貫く「普通の男」豊富な政治経験に強み

「歴史的な夜だ」。米大統領選でトランプが当選を確実にした11月9日未明。共和党支持者らが集まったニューヨークの会場に姿を現すと、高らかに勝利を宣言した。

豊富な政治経験や政界での人脈が強みだ。共和党員が“異端児”トランプに抱く不安感を抑える「バランサー」の役目を担ってきた。

知名度が高いとは言えず、存在感が薄いとも指摘されるが、副大統領候補による討論会では民主党のケーンの挑発に乗らず、冷静に主張を展開したことで高い評価を受けた。

「私はまずキリスト教徒であり、次に保守派、その次に共和党員だ」。自己紹介の言葉に、伝統的な宗教保守の価値観を重んじる姿勢がにじむ。「普通の男」と自らを評する控えめな性格は、攻撃的なトランプと好対照だ。

中西部インディアナ州コロンバスでアイルランド移民の家系に生まれた。大学卒業後は弁護士として活動。地方局のラジオやテレビで番組の司会者を務めたこともある。

2000年に3度目の出馬で下院議員に初当選。6期12年務めた後、13年にインディアナ州知事に就任した。30年以上連れ添う妻カレンとの間に1男2女。57歳。

（ゲッティ=共同）

国務長官

レックス・ティラーソン

石油一筋の名交渉人　たたき上げのCEO

石油業界一筋で40年、公職経験はゼロ。ビジネスを通じたロシアとの関わりは深く、プーチン大統領とも親しい。世界有数の国際石油資本（メジャー）を率い、外国との交渉で培った豊富な経験で、未体験の「超大国外交」をどう率いていくか。世界が注目している。南部テキサス州で育ち、地元の大学を卒業後、1975年にエンジニアとしてエクソンに入社。米国内の石油や天然ガスの生産部門で責任者を務めた。98年からエクソン・ベンチャーズの副社長として、カスピ海やサハリン島などロシアでの事業に関わった。

エクソンは99年に同業のモービルと合併し、世界最大の石油企業エクソンモービルが誕生。副社長や社長を経て、2006年に会長兼最高経営責任者（CEO）に就任し、世界で最も利益を上げる企業の一つに成長させた。

11年にロシア国営石油企業ロスネフチと北極圏での油田探査など広範囲で協力を進める戦略協定に締結した際、当時首相だったプーチン氏が調印式に立ち会い、13年にはプーチン大統領から「ロシア友好勲章」を受け取った。

原油安のあおりで15年の報酬は前年比で18%減ったが、それでも2700万ドル（約31億円）。富裕層が目立つトランプ政権でも引けを取らない。妻と4人の子ども。64歳。

国防長官

ジェームズ・マティス

3

テロ掃討の手腕に期待　批判恐れぬ「狂犬」

（ロイター＝共同）

米海兵隊に44年間、身をささげた。批判を恐れない激しい物言いから、ついたあだ名は「狂犬マティス」。2013年、テロ掃討作戦の要である中央軍司令官を最後に引退した。国防長官として古巣に戻り、軍再建を誓うトランプ次期大統領を満足させる結果を残すことができるか、手腕が試される。

「アフガニスタンに行けば、ベールを着けていないからと、5年間も女性を殴りつけていた連中がいる。男の風上にもおけない。そんな連中を撃つのは実に楽しい」

05年、米中枢同時テロに対する報復軍事行動「不朽の自由作戦」の体験談を、目を輝かせながら講演した。批判を浴びたが、同僚らは「最も勇敢で、最も経験豊富な男」とかばった。

引退後はスタンフォード大フーバー研究所の客員研究員になった。オバマ政権が「遺産」と誇るイラン核合意に対して、イランが核製造能力を失っておらず「不完全だ」と批判。対イラン強硬派として鳴らし、トランプの主張とも通じる。

今回の大統領選に「第3の候補」として出馬を推す声が軍内部から上がったほど信頼は厚い。戦闘現場で犠牲を払う兵士の思いを誰よりも分かっているからかもしれない。

独身を通し、人生の大半を戦闘と研究活動に費やす姿に「戦う修道士」と呼ばれることも。西部ワシントン州1950年9月8日生まれの66歳。

大統領首席補佐官

ラインス・プリーバス

4

トランプ勝利の立役者
演説会場盛り上げる

（ロイター＝共同）

問題発言を繰り返すトランプから共和党の議員が次々と離れていく中、選挙運動を懸命に支え、勝利に導いた立役者だ。首都ワシントンでの行政経験はないが、米メディアが「抜群の調整能力」を評価するなど、議会との橋渡し役に期待がかかる。

16歳のときに共和党のボランティア活動に参加し、政治への関心を高めた。マイアミ大法科大学院を修了後、弁護士として活動。2004年に中西部ウィスコンシン州の上院議員選に出馬したが、落選した。

07年に30代の若さで共和党のウィスコンシン州委員長に就任。同州選出の党有力者ライアン下院議長と親交を深めた。11年、選挙戦略の調整や政治資金調達を担う党全国委員長に選出された。

大統領選ではトランプの遊説にしばしば同行し、トランプが登場する前に演説して会場を盛り上げた。

地元プロフットボールチームのファンで大のスポーツ好き。妻サリーとの間に2人の子ども。1972年3月生まれの44歳。

（ロイター＝共同）

大統領首席戦略担当兼上級顧問

スティーブン・バノン

5

けんか上手の選対責任者
最も危険な政界仕掛け人

共和党主流派など米政治のエスタブリッシュメント（既存の支配層）を激しく批判する急先鋒（せんぽう）。民主党クリントンとの選挙戦で苦戦したトランプが2016年8月、巻き返しに向けて陣営を刷新した際、選対本部の最高責任者に抜てきされた。

トランプと同様に気の強さで知られ、攻撃的な選挙スタイルを主導。米メディアは「けんか上手」「最も危険な政界仕掛け人」などと評した。

ハーバード大で経営学修士（MBA）を取得し、投資銀行で勤務。1990年代から映画やテレビ番組の制作会社などメディア業界を渡り歩き、保守系ニュースサイト「ブライトバート・ニュース」の会長に就任した。

同サイトは白人至上主義的で人種差別的な論調が目立つとして、人権団体などから強い批判が出ている。反ユダヤ主義者として警戒する声もある。63歳。

（アフロ）

国家安全保障問題担当大統領補佐官

マイケル・フリン

6

イラクやアフガニスタンにも参戦
対イスラム強硬派で過激発言も

政治外交経験がないトランプ次期大統領を選挙中から安全保障政策の助言役として支えた元軍高官。次期大統領の信任は厚いが、対イスラム強硬派で過激発言も目立ち、人権擁護団体からは懸念も出ている。

イラク戦争やアフガニスタン戦争にも参戦した元陸軍中将。情報分析力を評価され、オバマ政権で国防情報局長に登用されたが、2014年に解任された。組織運営の在り方を問題視されたとされる。

米メディアによると民主党員だが、16年7月の共和党大会に登壇し、民主党候補のクリントンを厳しく批判。次期政権では「南シナ海を巡る中国との決定的な対立などの危機に陥った時に、最後の助言を行う」（ニューヨーク・タイムズ紙）要職に就く。

イスラム過激派に対して厳しい姿勢を取り「イスラム教を怖いと思うことは理にかなっている」などイスラム教徒全体を敵視するような発言を繰り返し、物議を醸した。

安倍晋三首相とトランプがニューヨークで初会談した際にも同席。トランプは選挙中、日本が駐留費負担を増やさなければ米軍撤退もあり得るとの認識を示した。次期政権で軍事専門家としてどのようなアジア戦略を描くか注目される。

（UPI=共同）

トランプの長女
イバンカ
7

モデル出身でブランド展開も
父親の女性蔑視発言では火消しにも一役

トランプ次期大統領の元妻イバナ＝元モデルの実業家、チェコ出身＝との間に生まれた長女で、トランプの不動産会社副社長。モデルの経歴や自身の名前を冠したブランドを展開する実業家の顔を持ち、注目を集める半面、政治の場では公私を混同しているなどとも批判も浴びる。

トランプと安倍晋三首相の初会談に、夫のジャレッド・クシュナーと同席した際には、トランプ一家による「政治の私物化」だと評された。

テレビのインタビューには、自分のブランドのブレスレットを着けて出演。その翌日に、このブレスレットの宣伝メールをファッション関係の記者らに送り、騒動となったことも。

大統領選でトランプの過去の女性蔑視発言が暴露された際には「父の発言は明らかに不適切で不快だった」と釈明。父親に対する批判の声に一定の理解を示すことで、事態の収拾に一役買った。

米メディアは、政権移行チームの幹部リストに名を連ねたイバンカ夫婦が、政府の機密情報に接することができるよう同チームが働き掛けたと報道したがトランプは「誤報だ」と否定している。

2男1女の母、35歳。娘アラベラがピコ太郎の「ペンパイナッポーアッポーペン（PPAP）」を歌って踊る動画を公開し、話題にもなった。

（アフロ）

トランプの娘婿
ジャレッド・クシュナー
8

大統領選勝利の「黒子」
安倍、トランプ会談を実現に導く

「ニューヨークでは迅速に動け。さもなければ、取り残される」と語る姿勢が、不動産王と呼ばれるトランプの厚い信頼を得る理由にもなっている。トランプが頼りにする長女イバンカと2009年に結婚した。

「不動産業界で成功しているが、政治の方が好きなのではないか。非常に政治にたけている」。トランプがそう称賛したこともあった。選挙戦では戦略や資金集めでアドバイス、「黒子」として活躍した。

次期政権で中東和平に貢献することをトランプが望んでいるともされる。

大統領選後に、各国首脳に先駆けて安倍晋三首相が直接トランプと会った会談は、佐々江賢一郎駐米大使がクシュナーに依頼して実現にこぎ着けたという。

脱税などで04年に実刑判決を受けた不動産業の父親の後を継いで成功を収めた。父親の事業を引き継いだトランプ自身の姿と重なる部分もある。

ニュージャージー州出身の35歳。ハーバード大を卒業、ニューヨーク大で経営学修士を取得。ユダヤ教徒で、妻のイバンカも結婚後ユダヤ教に改宗した。2男1女の父。

（ゲッティ＝共同）

財務長官

スティーブ・ムニューチン

9

「頭が切れる」元銀行マン 景気刺激策の仕切り役に

米金融大手ゴールドマン・サックスに17年在籍した元銀行マン。トランプ次期米政権の景気刺激策である巨額のインフラ投資や大型減税などの実行を担う。「頭が切れる」との評価もあり、財政の仕切り役としてどのように振る舞うかが注目される。

大統領選期間中からトランプの陣営に入り、資金調達などを担当。米メディアによると、ゴールドマンでは債券部門などに属し、ブランクファイン最高経営責任者（CEO）の部下だったこともある。同氏は「野心家でとても頭の切れる人物だった」と評する。

ゴールドマンを去った後に投資会社を立ち上げ、映画「アバター」などに資金を提供。銀行業にも手を出した。ただ政策の策定に関わった経験はないとされ、実際の手腕は未知数だ。

米人気テレビドラマ「コールドケース」などに出演した女優ルイーズ・リントンと婚約した。1962年12月21日生まれの53歳。

（ロイター＝共同）

司法長官

ジェフ・セッションズ

10

上院で5本の指に入る超保守派 トランプとは「お似合いコンビ」とも

「トランプの大ファン」（ワシントン・ポスト紙）。米国民の職を奪い、犯罪を持ち込む移民の流入を制限するべきだが持論。公民権運動団体を「反米的」と呼んだ過去もある。メキシコ国境での壁建設を唱え、黒人の権利を訴えるデモを「分断的」と批判したトランプと「お似合いコンビ」とも呼ばれる。

97年から上院議員4期目を務めるベテラン政治家。小さな政府を信奉し、上院でも5本の指に入る最保守派とされる。16年2月に共和党上院議員として初めてトランプ支持を表明。「米国第一」などの外交理念を打ち出す知恵袋として陣営を支えてきた。

トランプとの親交は05年にさかのぼる。当時、ニューヨークの国連本部建て替え費用が12億ドル（現在のレートで約1350億円）に上ることを「高過ぎる」と批判したトランプに注目、議会公聴会に証人として呼んだのが始まりだ。

上院議員就任前は検事の道を歩み、アラバマ州司法長官まで上り詰めた。1986年に連邦判事に指名された際、白人優越主義の秘密結社「クー・クラックス・クラン（KKK）」を容認したり、有力人権団体の全米市民自由連合（ACLU）や全米黒人地位向上協会（NAACP）を「反米的」と呼んだりした発言が指摘され、異例の非承認となった。

妻マリーとの間に3人の子ども。7人の孫を持つ69歳。

（共同）

商務長官

ウィルバー・ロス

11

知日派のすご腕投資家
経済政策で強力主導か

多くの破綻企業の再生に実績を持ち「再建王」と評される著名投資家。オバマ政権の経済政策を批判し、2016年6月からトランプ陣営に参加、経済政策顧問を務めた。過去には日本企業の買収も手掛け、米ニューヨークの日米交流機関ジャパン・ソサエティーの会長を務める知日派だ。

1937年、米ニュージャージー州生まれ。ハーバード大で経営学修士を取得。投資会社で役員などを務め、25年間で178社への投資に関わった。2000年には自らの投資ファンド「WLロス・アンド・カンパニー」を設立。

ほとんどの資産を投資で築いたとされ、経済誌フォーブスの16年版米長者番付で232位。資産は29億ドル（約3200億円）に上る。

環太平洋連携協定（TPP）には好意的な面があるものの、貿易協定の再交渉や脱退方針をちらつかせたトランプ選対の保護主義的な政策づくりを主導したとも指摘される。経済政策に「急進的で新しいアプローチが必要だ」と主張する一方、米国の債務削減の必要性も唱えている。

2度の離婚を経て、04年に3人目の妻と結婚した。79歳。閣僚になるには「高齢過ぎる」と不安視する声も上がる。

（ロイター＝共同）

トランプの強力な支持者

ルドルフ・ジュリアーニ

12

「史上最高の」NY市長
トランプかばう〝応援団長〟

治安の悪さが顕著だったニューヨークで1994～2001年に市長を務め、犯罪対策に取り組んだ。在任中に犯罪発生率は4割減少し、殺人事件の発生件数は半減。「危険な大都市」のイメージを拭い去った華々しい成果は語り草だ。

中枢同時テロ後の対応で陣頭指揮に立ち「史上最高の市長」として市民から圧倒的な支持を得た。

ニューヨーク市ブルックリンでイタリア系の家庭に生まれた。一族には警察官や消防士が多かったが、自身はニューヨーク大法科大学院に進み、法律家の道を歩んだ。

首都ワシントンの検事などを経て1981年、司法省の3番目の地位である上級検事に就任、麻薬や移民対策の責任者を務めた。ニューヨーク連邦地検検事正として麻薬密売業者の摘発に手腕を発揮。さらに、ウォール街の大物とされた投資銀行家らをインサイダー取引などの罪で摘発したことでも知られる。

2008年大統領選に挑戦。共和党候補指名争いで長期間、支持率トップを保ったが、敗退した。トランプ次期大統領とは約30年前からの仲。今回大統領選では、暴言で批判されるトランプをかばい続け〝応援団長〟の役目を全うした。72歳。

第1章　激突対談――「トランプのアメリカ　激震の世界　立ち尽くす日本」

春名幹男（早稲田大学大学院客員教授）

×

会田弘継（青山学院大学教授）

司会◎杉田弘毅（共同通信社論説委員長）

立ち尽くす日本

会田弘継

（青山学院大学教授）

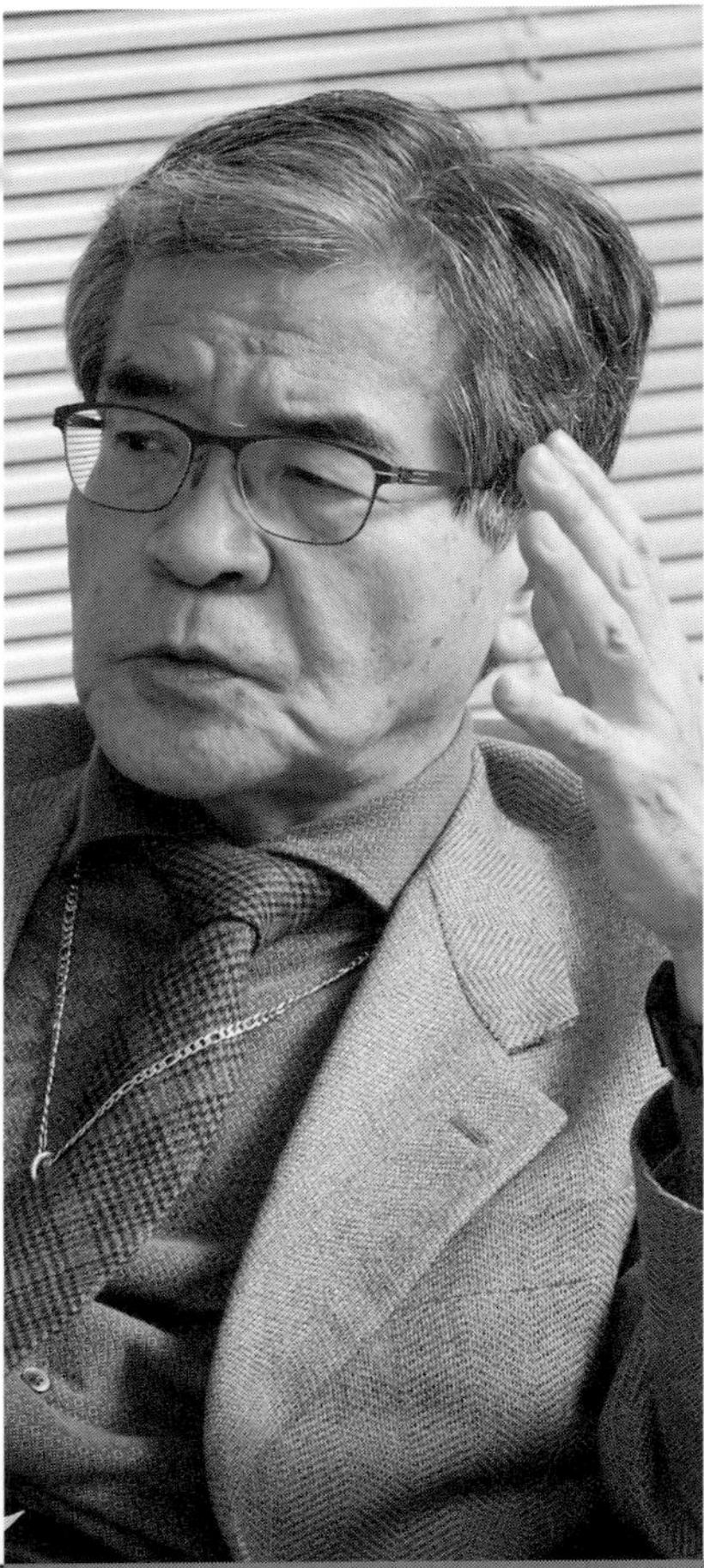

■会田弘継（あいだ ひろつぐ）

1951年、埼玉県生まれ。東京外国語大学英米語科卒。共同通信社ワシントン特派員、ジュネーブ支局長、ワシントン支局長、論説委員長、特別編集委員などを歴任。現在、共同通信社客員論説委員、関西大学客員教授、青山学院大学地球社会共生学部教授。米論壇誌The American Interest編集委員。
著書に『戦争を始めるのは誰か-湾岸戦争とアメリカ議会』（講談社現代新書、1994年）、『追跡・アメリカの思想家たち』（新潮社、2008年）、『増補改訂版　追跡・アメリカの思想家たち』（中公文庫、2016年）、『トランプ現象とアメリカ保守思想』（左右社、2016年）。訳書にリチャード・オルドリッチ著『日・米・英「諜報機関」の太平洋戦争-初めて明らかになった極東支配をめぐる「秘密工作活動」』（抄訳、光文社、2003年）、フランシス・フクヤマ著『アメリカの終わり』（講談社、2006年）、同著『政治の起源』（講談社、2013年）など。

激突対談

対談写真：澁谷高晴

著書に『検証　非核の選択-核の現場を追う』（岩波書店、2005年）、『さまよえる日本-未来へのシナリオ』（共著、生産性出版、2008年）、『アメリカはなぜ変われるのか』（ちくま新書、2009年）など。

トランプのアメリカ
激震の世界

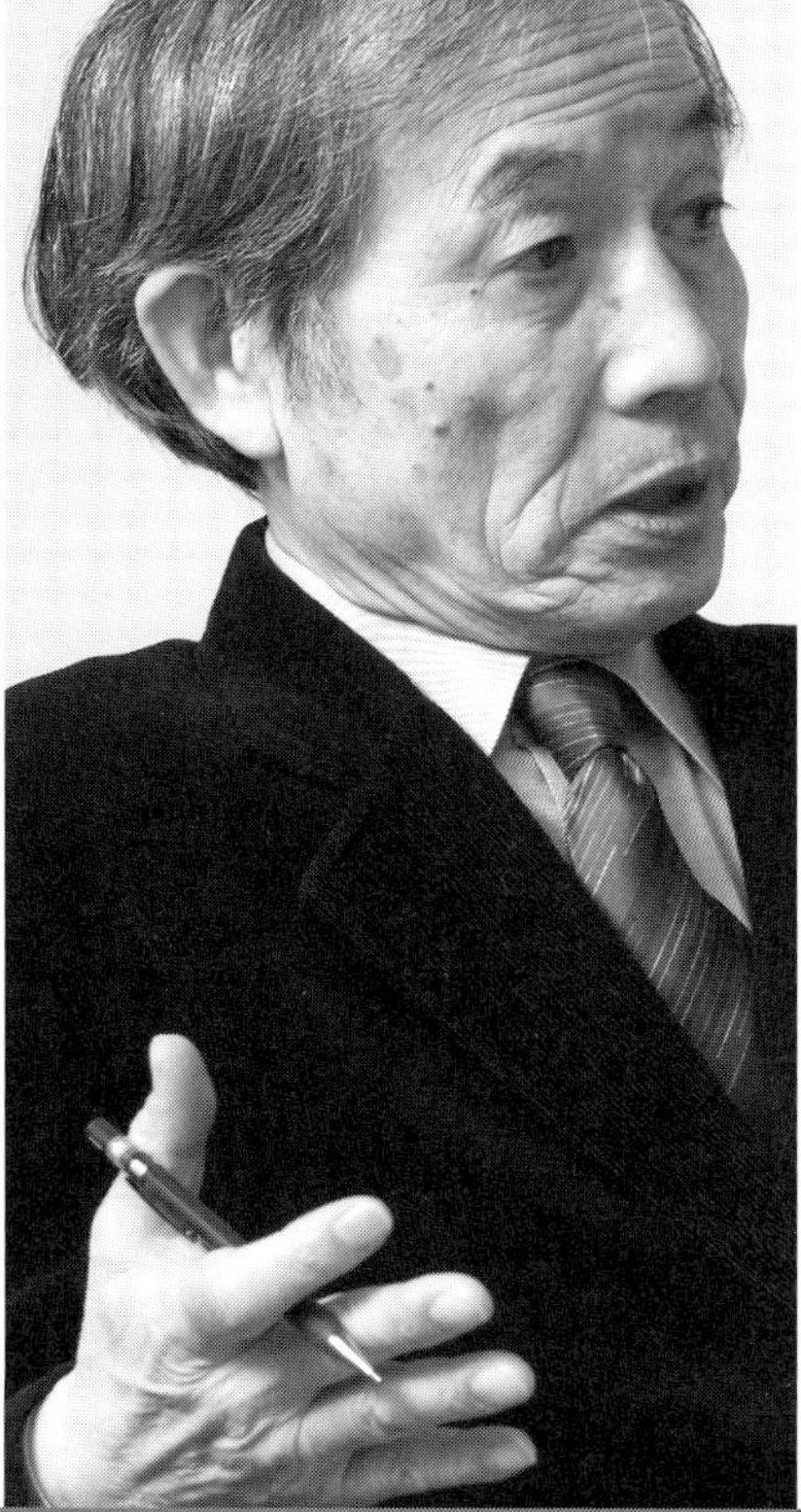

春名幹男

（早稲田大学大学院客員教授）

■春名幹男（はるな みきお）

1946年、京都市生まれ。大阪外国語大学ドイツ語科卒。共同通信社ニューヨーク特派員、ワシントン特派員、ワシントン支局長、編集委員兼論説委員、論説副委員長、特別編集委員などを歴任。ボーン・上田記念国際記者賞（1995年）、日本記者クラブ賞（2004年）を受賞。

2007年、名古屋大学大学院国際言語文化研究科教授。2010年から早稲田大学大学院政治学研究科ジャーナリズムコース客員教授。

著書に『核地政学入門-第三世界の核開発競争』（日刊工業新聞社、1979年）、『ヒバクシャ・イン・USA』(岩波新書、1985年)、『スクリュー音が消えた』（新潮社1993年）、『秘密のファイル-CIAの対日工作』（上・下）（共同通信社、2000年／新潮文庫、2003年）、『スパイはなんでも知っている』（新潮社、2001年）、『米中冷戦と日本』（PHP研究所、2013年）、『仮面の日米同盟』（新潮新書、2015年）など。

◎司会

杉田弘毅（共同通信社論説委員長）

■杉田弘毅（すぎた ひろき）

1957年愛知県生まれ。一橋大学法学部卒。共同通信社入社。大阪社会部、テヘラン支局長、ニューヨーク特派員、ワシントン特派員、ワシントン支局長などを歴任。現在、同社論説委員長。

トランプを選んだアメリカとは

――大番狂わせで誕生したドナルド・トランプ大統領の政権が動き出します。それにしてもなぜ今トランプ大統領なのでしょう。アメリカの経済的格差はどこまでひどいのか。ヒラリー・クリントンはなぜ嫌われたのでしょうか。

春名　やはり白人労働者の怒りがトランプ大統領を生んだのです。激戦州の結果を見れば分かりますが、いずれも僅差です。オハイオ州とノースカロライナ州はちょっと差がつきましたが、あとは僅差です。

アメリカはマイノリティー（少数派）が進出して21世紀は主要な役割を担うといわれてきました。オバマが勝利した時はマイノリティーの人たちは支持したのですが、クリントンの場合は目減りしました。これはクリントンからすれば非常にマイナスです。クリントンの伝統的な民主党支持者は今回の選挙で消極的でした。

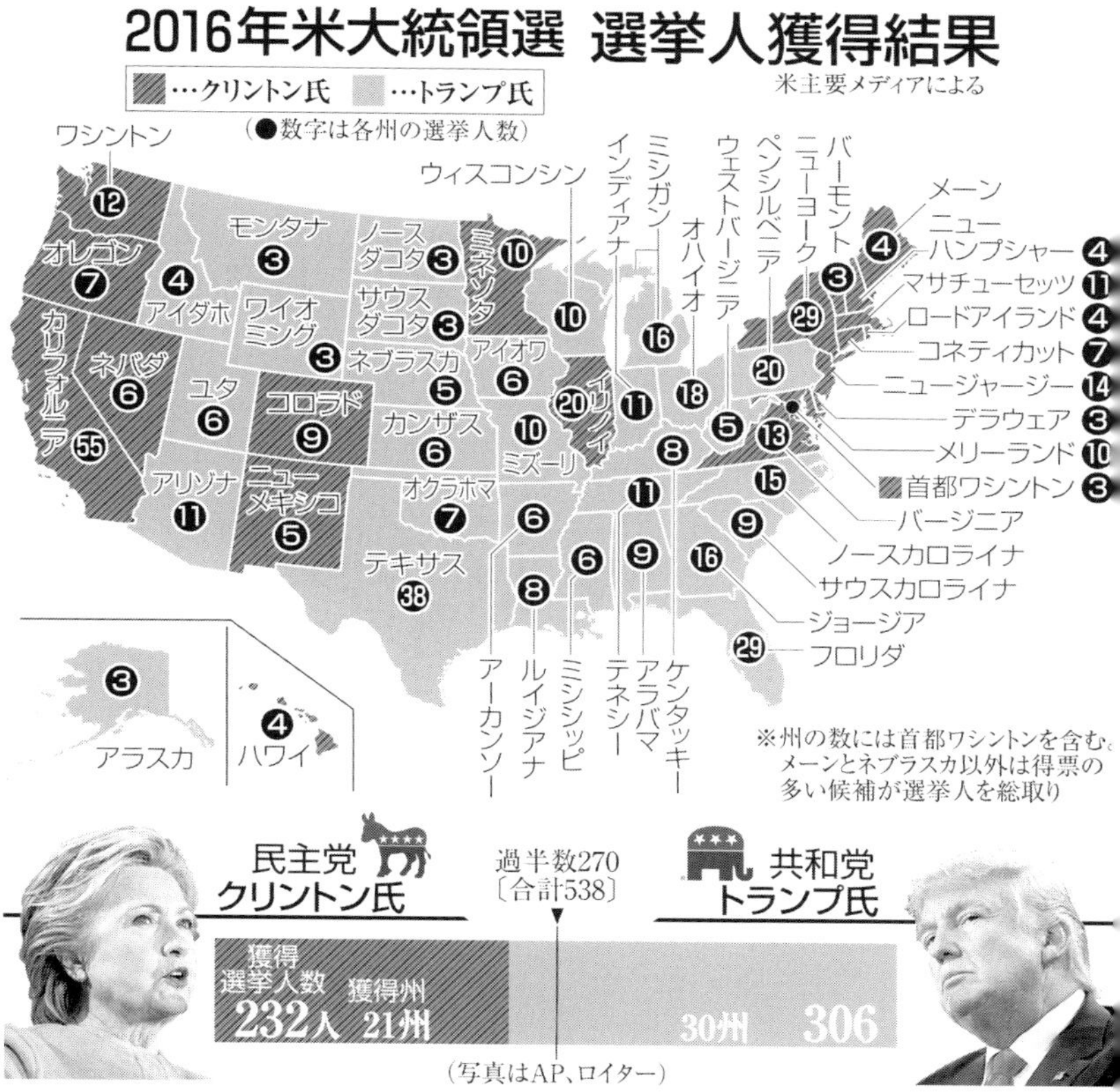
2016年米大統領選　選挙人獲得結果
…クリントン氏　…トランプ氏
米主要メディアによる
（●数字は各州の選挙人数）
ワシントン 12
オレゴン 7
カリフォルニア 55
アイダホ 4
ネバダ 6
モンタナ 3
ワイオミング 3
ユタ 6
コロラド 9
アリゾナ 11
ニューメキシコ 5
ノースダコタ 3
サウスダコタ 3
ネブラスカ 5
カンザス 6
オクラホマ 7
テキサス 38
ミネソタ 10
アイオワ 6
ミズーリ 10
アーカンソー 6
ルイジアナ 8
ウィスコンシン 10
イリノイ 20
ミシシッピ 6
インディアナ 11
ミシガン 16
テネシー 11
アラバマ 9
オハイオ 18
ケンタッキー 8
ウェストバージニア 5
ペンシルベニア 20
ニューヨーク 29
バーモント 3
メーン 4
ニューハンプシャー 4
マサチューセッツ 11
ロードアイランド 4
コネティカット 7
ニュージャージー 14
デラウェア 3
メリーランド 10
首都ワシントン 3
バージニア 13
ノースカロライナ 15
サウスカロライナ 9
ジョージア 16
フロリダ 29
アラスカ 3
ハワイ 4
※州の数には首都ワシントンを含む。メーンとネブラスカ以外は得票の多い候補が選挙人を総取り
民主党 クリントン氏
過半数270〔合計538〕
共和党 トランプ氏
獲得選挙人数 232人 獲得州 21州
30州 306
（写真はAP、ロイター）

白人労働者の人々は、自分たちの先が読めないという思いを強く持ったのです。先が読めないので、どうすればいいのかと考えても、クリントンは「何をしてあげる」ということをあまり言ってない。一方のトランプはかなり乱暴なことを言ったのですが、最初から最後まで同じことを言っています。メキシコ国境との壁の建設もそうだし、少し変わりましたが、イスラム教徒の問題もそうだし、あるいは**北米自由貿易協定（NAFTA）**の問題もそうです。アメリカの製造業を復活させるというのも、最初から同じことを言っています。だから、やるという意志は示しています。白人労働者の人たちはそれに賭けた。

マイノリティーの進出に追い詰められていたところに、自分たちはトランプを選べば、やれるんだというわけです。しかもトランプは挑発、アジテーター、つまり煽《あお》った。怒りを巻き起こしたというのが一つの勝因だと思います。

★北米自由貿易協定（NAFTA）＝アメリカ、カナダ、メキシコを構成国とする自由貿易圏。1994年発効

――なぜクリントンは政策を説明できなかったのでしょうか。

春名　この選挙でクリントンは受け身、攻撃じゃなかった。やはり、**私用Eメール問題**が長引きました。2015年の3月に最初に表面化して、春から夏にかけて大問題だったけれど、オバマ政権は彼女をかばわなかった。そのころクリントンはオバマ外交を非難していた。それでオバマも相当頭にきていたと思います。クリントンは、オバマに応援してもらって大統領選挙を戦うのではなく、オバマを批判して「オバマでは駄目だから自分で戦おう」という姿勢だったのです。メール問題で謝ったのは15年9月です。ほぼ同時にオバマ政権支持に切り替えたわけです。現政権を守る防御の候補になるわけです。だから受け身の戦いになってしまったのが敗因の一つになると思います。

★私用Eメール問題＝クリントンが国務長官時代に機密情報を含むやりとりを私用メールで行い規則違反を問われた

メール捜査は陰謀？

――メール問題は、選挙戦最終盤で連邦捜査局（FBI）が捜査再開を発表し、クリントンにダメージとなりました。陰謀論も流れています。

春名　陰謀でないとは言えない。なぜかというと、コミーFBI長官は、2016年7月にクリントンをメール問題で訴追しないといったん決めたわけです。それに対して相当な反発がFBI内部からあった。クリントンに対しては、メールだけではなくてクリントン財団の金の問題も捜査しようとした経緯があった。しかし押さえられた。

つまりFBI捜査官たちの間で相当な不満がたまっていたわけです。まともにそのプレッシャーを受けたのがコミーです。彼はもともと共和党員なので昔の仲間からの批判が強かったと思います。それで、ガス抜きというのが私の見方ですが、投票日の11日前の段階で再捜査を発表した。あれを発表するのはおかしいですが、結局は自分の立場を守るためにやったのでしょう。クリントンが大統領になることに対する強い反発があったためにそうなったので、陰謀といえば陰謀だと思います。

――会田さんはトランプ勝利の原動力をどう見ますか。

米連邦捜査局（FBI）のコミー長官（ロイター＝共同）

会田　白人労働者の力がすごく大きかった印象がありますが、なぜかということについて、今まで日本のメディアが考えてきた以上のことを考えてみたい。
アメリカの経済状況はさまざまな数字で明らかです。2015年秋の国勢調査結果「合衆国の所得と貧困」で描かれている通り、中間層の所得はリーマンショック前からだけでも6・5％下落し貧困層は拡大している。中産階級は細りつつあり極めて苦境に置かれている。これは先進国共通で、アメリカに限った話ではありません。
春名さんも挙げたように、トランプがその問題に手当てする政策を打ち出して、インフラ投資や雇用のことを言っています。ただ、読み解けていないのは彼の暴言、彼の差別的な発言になぜ人々が歓喜したのかです。

トイレは男女で区別すべきか

単にあの人たちは軽率だからトランプの公約に踊ったということではなく、この30年から40年かけて起きてきた価値観の変貌という問題を理解してみる必要があります。

卑近な例では、2004年の選挙でブッシュは、当時問題になった同性婚の問題を軸としてかろうじて宗教保守派の力を借りて選挙に勝ちましたが、2015年に最高裁は同性婚を認めました。アメリカではものすごいスピードでいま価値観の変貌が起きている。

最近の問題では、トイレの使用問題があります。性的マイノリティーに配慮して男女のトイレを区別すべきでないという主張が強くなっている。人種間の平等、民族間の平等、それぞれの文化に対する多文化主義というか、それぞれを認め合うという流れがある。

アメリカは文化的な変容の最先端を歩んできた。そういう国家の形でもあるし、多文化主義がアメリカの中で、ものすごく先鋭的なことをやってきている。

――なぜそこまで先鋭化するのでしょう。

会田　エリートにとって必要だからです。グローバル化の波の中で、先進国の富裕階層は、途上国の中産階級と一緒に仕事をしている。この人たちはグローバル化された世界の中で経済を動かしていて、互いを尊重し合うためには、多文化主義的な価値観が必要です。お互いの文化への敬意を持たなければやっていけない。それが多文化主義の前進という形で国内的にはどんどん進む。

ところが、大きな欠落がある。というのは、グローバルで働く人たちから見たら当然で、必然で、必要で、進歩的で素晴らしいのですが、取り残された人たちにとっては、なぜ男女のトイレの区別をなくすのか、意味が分からない。なぜ、かつての秩序が全部消えていくのか。古い秩序で快

テキサス州の中絶手術に対する規制を違憲とした連邦最高裁の判決を喜ぶ容認派の人々（UPI=共同）

適に暮らしているのに、なぜ変えるのか、その理由が分からない。

むしろ、変えていこうとする力は自分たちを苦しめている。私たちに多文化主義を迫っている人たちは、自分たちの生活、経済を壊している人たちではないのかと見えてくるわけです。

これが、文化、価値観における大きなギャップです。政治意識論の研究によると、1970年代を転換期として、価値観の変貌をめぐる政治争点が、先進国ではどんどん増えていく。社会保障や税金とか経済生活に関わる争点は、非経済的な争点に重要度で追い抜かれているのです。アメリカでは70年代から**人工中絶問題**が大きな争点になっていく。

人々の生活の古い価値観を変えていく問題が、それを残したい人たちの間で、激しい争点になる。キリスト教の価値観の問題もそうですが、ニクソン大統領が**サイレント・マジョリティー**を掲げたころからだんだん重要になってくる。それは、人種間関係の問題も含んでいる。リーマンショック以降の激しい経済的圧迫と、価値観の変貌が相まって加速し、人々がそれに耐え切れなくなってきたのです。

★人工中絶問題＝人工中絶を認めるリベラル派と認めないキリスト教保守派の激しい対立が起きている。1973年に最高裁は中絶を憲法で保障された権利と認めた
★サイレント・マジョリティー＝ニクソン大統領が1969年に、声高なベトナム反戦派に対して「静かな多数派」は戦争に反対していない、と語った

トランプが「言葉」を与えた

――そこにトランプが登場した。

会田　そうです。グローバル化した世界が加える圧力は、苦しんでいる人は言葉にできない。そこに言葉を与えたのがトランプの暴言政治なのです。かつてもそれをやれば票を得られるということを発見した人たちがいました。

一番知られたのは、パット・ブキャナンです。ブキャナンの背後にいた思想家グループもいて、この水脈の中にトランプは知らずと入り込んだ。大統領になりたいという野心を持つ彼は、これが最も有効な力になると知った。ブル

パット・ブキャナン（ロイター=共同）

ーカラーの人たちの本心に分け入って行く道を、動物的に見つけた。本当に彼らは苦しめられていて、経済だけでなく、エリートから無視され馬鹿にされ、笑われてきたことに気付いたわけです。

価値観の変貌は進歩的だと言われますが、それが人々をどのように圧迫しているのかについて、インテリはもうちょっと自覚的になる必要があるというのが、私の意見です。

★パット・ブキャナン＝保守派論客。ニクソンのスピーチライターやレーガン大統領の顧問を務めた後、1992年から2000年まで大統領選に出馬した

トランプは思想がない

春名　そのあたりは「なぜトランプなのか」というところにつながる。でも彼には思想がないのではないか。だから、国務長官候補として、選挙運動中に対立し政治思想も異なるミット・ロムニーのような人とでも会ったわけですね。政権運営さえうまくいけばいいという考えで会ったのだと思います。

経済的にうまくいかないと彼の政権は失敗する。トランプは製造業の復活を言っています。しかし製造業の復活はほとんどあり得ない。つまり、いま採算が取れるような製造業は、アメリカ国内では可能にならない。

GM再建に向けた会社との交渉経過を聞く退職者たち（共同）

私は1979年に最初にニューヨーク特派員としてアメリカに赴任しました。そのころ自動車産業が傾いた最初の動きですが、カーター政権がクライスラーに15億ドルの連邦融資保証をしています。クライスラーはその時は何とか救済されましたが、その後は転落の一途です。

当時全米自動車労組（UAW）の組合員数は150万人です。それが、30年後の2010年には39万人。しかもGMが一度破産状態になって、グローバル化を一気に進めるわけですよね。GMの生産台数の半分以上を中国で作るという計画を立てているわけです。アメリカ国内でどれだけ作っているかというと、40％ぐらいになります。鉄鋼もまったく同じです。

労働者は先が見えない。だからペンシルベニア、オハイオ、ミシガン、ウィスコンシンに至るラストベルトが、そういう状

カナダ
ニューキャッスル
ワシントン
大西洋
米国
200km
ラストベルト

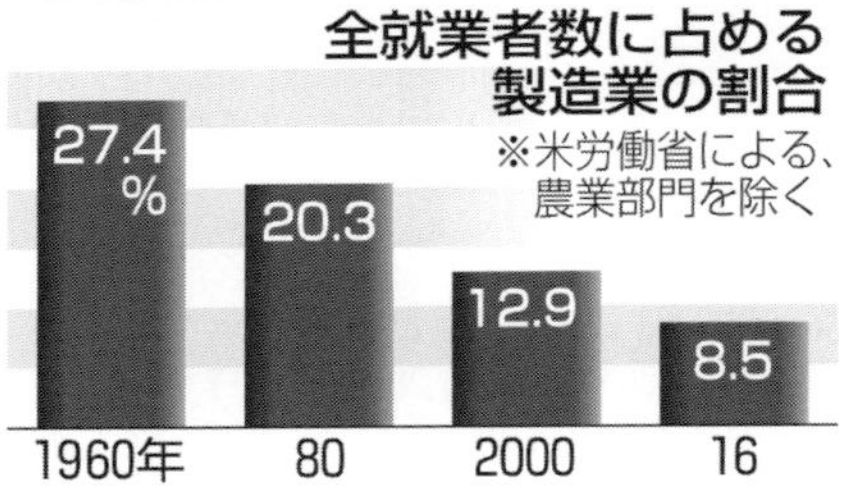
全就業者数に占める製造業の割合
※米労働省による、農業部門を除く
27.4%
20.3
12.9
8.5
1960年
80
2000
16

況になっている。

　しかも白人の貧しい人たちには救済措置がない。黒人にはアファーマティブ・アクション**少数派優遇策**がある。バラク・オバマはそれを受けてないと思いますが、たぶん夫人のミシェル・オバマは奴隷の子孫だし、シカゴ南部の貧しい区域出身でしょう。アファーマティブ・アクションを受けてハーバード大学のロースクールまで行って弁護士になったわけですよね。

　この差別是正が白人労働者にとっては逆差別になってきた。「多様化は非常に美しい」と学校でも教えます。しかし多様化によって非常に苦しい目に遭っている白人労働者は怒りを持っている。その怒りが今回の選挙では非常にうまく使われたのです。

★少数派優遇策＝伝統的に差別されてきた黒人や女性ら少数派を、入学、就職、昇進などの際に特別枠などを設けて優遇する制度

アップルはアメリカでモノを作らない

――しかし、これまでもこういう考えを扇動した政治家はいましたが、主流にはなれなかった。なぜトランプは今回大統領になれたのでしょう。

会田　ブキャナンとトランプの違いを言うと、ブキャナンが試みたのは、冷戦後の不景気です。冷戦が終わった。そこでアメリカでは孤立主義的な発想が染み出してきた。その中でアメリカ経済がすごく調子が悪くなった。ブキャナンは、白人の下層階級を喚起して何かできると思った。

ただ当時は効果が出なかった。今の状況より当時の経済はまだましだったのです。昔だったら大工場の大企業で働いていれば、班長になって、言葉を話せなくても、移民でも、必ず自分の子どもを大学に行かせるような給料を取って、次の世代に向かって前進していけた。今のアメリカはそういう状況では全然ない。

１９７０年代から脱工業化になり、やがて金融、ＩＴでアメリカ経済は大躍進しますが、その大躍進を引っ張ったのはエリートの、限られた知識集約型の産業に入れる人たち、高い教育を受けた人たちだった。今回の選挙で、学歴による差が大きな議論になったのもまさにそういうことです。

しかも、これらの知識集約型は雇用ベースがものすごく狭い。アップルは製造業といわれても、アメリカでモノを作っていない。アメリカにあるのは戦略部門だけです。戦略部門、デザイン部門、そういう知識集約型です。アップルストアを含めても、全世界でアップルが直接雇用に近い形で雇っている人は10万にも満たないぐらい。ＧＭがアメリカにいたときはどれだけの雇用を生んだか。部品産業まで入れたら、１００万単位の雇用を生んでいた。

それではサービス産業はどうかといえば、雇用の消耗をはらむのです。グローバル化された世界を飛び回っている人たちが快適に仕事できるように補助する人。例えば旅客機の客室乗務員がそうですが、今は高給じゃない。重労働で給料も低い。

ここには巨大な落差が出現していて、**ロバート・ライシュ**はアメリカをそのように二分化してはいけないと言った。労働者再教育をしてなるべく知識集約型の方向へ持っていきなさいということです。

もう一つの問題は、グローバル化された金融の中で、タックスヘイブンの話もそうですが、富、大企業の収益が法人税の低いところへ逃げていっている。そうすると、政府の税収がなくなる。

★ロバート・ライシュ＝クリントン政権の労働長官。リベラル派の社会経済学者で格差是正を主張し、クリントン大統領の福祉削減に反対した

社会福祉は製造業があって可能だった

われわれの社会福祉制度のほとんど全てが、製造業の発展した時代に作られた。それができたのは、大きな雇用ベースと税収を担う製造業を中心とした経済が動かす国民経済があったからです。今はグローバル化して、企業がサプライチェーンを国際展開して、製造業の拠点を国外に置いて、しかも稼ぎ頭の企業は税金を納めない。それでは製造業時代に作られた巨大な社会福祉システムは維持できない。だからこそ日本を筆頭としてものすごい財政赤字を積み上げていくのです。

今回反乱を起こした人たちは、将来の社会福祉について安心感を持てない。年金はないかもしれない。年金改革はやらないといけないのは間違いない。さあどうやるべきか。私は新しい思想が必要だと思います。

——トランプを支える人々にオルト・ライトのグループがあります。

会田　多文化主義の中で起きたのは、アイデンティティー・ポリティクスです。「全ての文化は素晴らしい」ということなのですが、その中で逆に、全ての文化を平等に認めていくようなシステムの土台となった啓蒙主義的な思想そのものを壊そうとする、つまり平等化の基礎となっている思想を壊そうとするような、人種グループや、文化グループの、自己主張が激しくなっている。

オルト・ライトの問題がすごく難しいのは、単に白人が優位だという話ではなくて、多元主義の土台となってきた価値観をどうやって維持するのかという、根底的な闘争があるからです。オルト・ライトを人種差別主義者だ、といって終わらせるわけにはいかない。

リベラルとされるアーサー・シュレジンジャー・ジュニアでさえ、90年代の最初には、このまま多文化主義の道を歩んだら、多文化主義の根底にある、重要なアメリカの基礎的概念が壊れるとい

う警告を発している。サミュエル・ハンチントンも、このままいけば根底的な価値観が壊れてしまうから、危ないと言っていた。リベラルも保守も勇気のある人たちはまっとうな警告を発している

　抑圧されているのは普通の人々です。それがアメリカの文化状況であり、経済状況であり、そしてアイデンティティー・ポリティクスの敗北が少し見えてきている。今のようなアイデンティティー・ポリティクスは袋小路にある。

春名　レーガン・サッチャーの時代に、大変な経済発展があった。そのころがデジタル化でありネオリベラリズムの出現です。しかも、金融資本主義です。福祉はどうなったかというと、ずたずたにされましたが、しかし一定の福祉制度は維持されていたわけです。その後にイギリスではトニー・ブレア、アメリカではビル・クリントンが来ました。2人ともリベラルですが、標榜したのは第3の道です。リベラルだけども、ネオリベラリズムも取り入れているわけです。レーガンは「ビル・クリントンは俺の考え方を盗んだ」と言っていますが、まさにその時代に、アメリカは福祉の切り捨てをしたわけです。

　ビル・クリントンはその結果、財政赤字を解消した。それ

がやはりヒラリー・クリントンにとって負い目になった。経済的に発展したように見えるが、福祉を切り捨てて財政黒字復活です。しかし今の経済状況を見れば、ネオリベラリズムは、結局のところ失敗ということになりつつある。それに代わったのが、ニューナショナリズム、別の人の言葉で言うと、ネオナショナリズムだと思います。

ネオナショナリズムの動きはイギリスの欧州連合（EU）離脱もそうだし、ヒンズー・ナショナリズムのモディ・インド首相まで含める見方があります。それと同時に今回なぜトランプが波に乗れたのかというと、付け加えるべきは**第４次産業革命**です。**ＩｏＴ**（Internet of Things）でさらに経済的に厳しくなって取り残される人たちが、今回のような反乱になってしまった。イギリスでも同じです。

★オルト・ライト＝白人至上主義的な考えを持つ右派グループ。既存メディアでなくウェブやＳＮＳを利用して影響力を持つ
★アイデンティティー・ポリティクス＝ジェンダー、人種、民族、宗教、性的指向など、自らが所属するグループの利益を代弁する政治活動
★第４次産業革命＝人工知能やロボットを使い生産効率を高める世界的な取り組み
★ＩｏＴ＝モノのインターネット。家電や車、工場の機械など、あらゆるものをネットにつなぎ便利にする仕組み

分断の米政治に乗り込む異端大統領

――課題が山積し、分断のアメリカを率いるトランプは、どんな政策をやるのか。トランプはアメリカのリーダーになれるでしょうか。

春名　ネオナショナリズムは何ができるのか、ということだと思います。トランプ自身は、怒りと反乱を利用した男だけだったのかもしれない。何かを作っていくというところがない。製造業の復活と言うけれども、アメリカで競争力のある製造業は、今は復活できない。

ビジネスモデルが完全に変わっているわけです。労働力の安い中国で生産する。これが鄧小平の改革解放路線にぴったり合いました。

――政権の成否の鍵は何ですか。

春名　経済政策が一番大きいと思いますが、日本でも同じように、追加予算を組む時も結局公共投資です。今回、インフラ投資で1兆ドルと言っていますが、どこから金を出すのか。どういうものなら民間が金を出すのか、トランプからアイデアは出ていません。

軍事産業に傾斜する

経済成長率を加速させると言っていますが、何が一番早いかというと、軍事産業だろうと思います。彼は過激派「イスラム国」（ＩＳ）だって殲滅《せんめつ》すると言っていますし、２０１６年3月にはＩＳがアメリカを攻撃すれば核兵器を使うとまで言っています。そうすると、海外の戦争に介入するわけで、彼の言う孤立主義的な公約から見れば、支離滅裂です。

アメリカは国家の体が崩れつつある。つまりそれが、**ゲーティッド・コミュニティー**のようなものに見られる。貧乏人のためには自分の払う税金は使ってほしくないという、分断の国になってきている。

その分断をどう修復するのか、どんな政策をとるのかというのが最も大事なのですが、トランプの発言からは全然見えてこない。民主党も相当な苦々しい思いを持っていますから2年後の中間選挙に向けて、党派的な争いが強まる。

トランプ自身が、税金も払わない男です。税金を払わない男は国家に奉仕できない。自分はうまい経営者であり、損失を出したので、うまく立ち回って税金を払わなくて済んだと言っています。しかし、あれだけのビジネスを展開しながら税金を一銭も払わない。それでは社会に奉仕できない。自らの血を流すという感じがない。税金払っていない人が大統領になった例は過去にありますか。これは異常、非常識。トランプの政権はうまくいかない方に私は賭けますね。

――しかしレーガンも当初はひどいと言われたが、偉大な大統領になりました。

会田　その可能性がないとは言い切れない。ただ、今の政策はむちゃくちゃです。軍事費へ突っ込んでいく可能性はある。予算強制削減の対象にしないとなっていますから、明らかにインフラ整備と並んで軍事も景気浮揚の道具に使える、と思っているでしょう。

★ゲーティッド・コミュニティー＝富裕層のために外壁を囲み一般住民から隔離された居住区。公共サービスを担う半自治体となっている地区もある

権力掌握後はカラッポ

彼は選挙戦略家たちから、権力奪取への道を盗み取った。しかし、それだけです。そのあと自分がやりたいことについては、たぶん何もない。

権力を奪取するためにいろいろ言った。税金を下げる、雇用をつくる、日本の防衛支援なんかしない。しかし当選してみて、それらはできるわけがないと分かっている。だから今はできることしか言わない。徐々に方向転換している。そうすると当たり前だけど、普通のビジネス・アズ・ユージュアルで、これまでの政権と同じで、どれを取るか、どれを捨てるかの選択になる。

選挙で言ったことの落とし前をどう付けるのか。つまり、次の大統領選も勝ちたいとすれば、俺をここまで引っ張り上げてくれたあいつら、6200万人はいるわけで、その票をこの次に取れなかったら大変だという気持ちはある。

春名さんが言うようにトランプは確かにカラッポだ。カラッポの政治家ほど、利用しやすいものはなくて、まさに怖いところ。ヒトラーみたいな人は頭の中は何もなかったでしょう。しかし、どうしてあそこまで世界を壊滅的な状況に持っていったか。そこには、思想の水脈が幾つも彼の中に入ってしまった。一つはドイツ・ロマン派。もちろんカール・シュミットの思想を、議会主義をもうやめるという手法で、いわば良いとこ取りするわけです。それがカラッポの人たちの怖さです。

トランプもそういうところがある。権力奪取まではいろいろなものの良いとこ取りをしてきた。ヒトラーもカール・シュミットの背後に誰がいるか全然気が付かないが、忍び込んでしまった。トランプも過去の巨大な思想に操られて、危険な部分が彼の中で動き出す可能性がある。それが何をもたらすか私たちにも分からない。

一つ重要なのは、**ジェームズ・バーナム**という戦間期の巨大思想家がいて、彼の影響がトランプに入っているのは間違いない。バーナムは新しい革命を起こそうとしていた。トランプ勝利は一種の新しい革命です。トランプは分かっていないが、結果としてそれをやった。下層階級の人たちの激しい怒りがあり、階級闘争的な形になったわけです。

さあこれからどう動くのか。今はすごく原始的なことをやっている。党内融和しないとやりたいことが法律にならない。これから、上下両院の多数派にOKと言ってもらわないといけない。だからプリーバス共和党全国委員長を首席補佐官に入れて、党内主流派とも融和しようと考えている。

★ジェームズ・バーナム＝思想家。1930年代はトロツキスト運動のリーダーだったが、その後右派に転向。著書に「経営者革命」など

首席戦略担当バノンが「言葉」教える

――ビジネス・アズ・ユージュアルでは、「怒り」の白人労働者は納得しない。製造業をどう復活させるのかが焦点です。

会田　次の選挙にも勝つためには6000万人の反乱者たちは必要だ。だから、首席戦略担当兼上級顧問に任命されたバノンに頼らざるを得ない。日本のメディアは彼を「強硬派」と呼ぶが、私から言うと確信的思想犯です。バノンはトランプより賢いから、このときはこのような「言葉」を使えと教えている。暴言でも虚言でも、忘れられた人々の怒りに火をつけ支持を固める。それを教えている。

トランプは嘘ばっかりついてなんで大統領になれるのか、

スティーブン・バノン

彼の発言の7割は嘘じゃないかとインテリは言う。しかし普通の人々にとっては嘘かどうかの問題は重要でなく、、社会を変革してほしいと思っている。その思いにあてはまる「言葉」をトランプは吐いており、バノンがそれを吐かせている。

春名　アメリカ人はプライドが高い。「アメリカをもう一度偉大に」と言ってプライドをうまく政治的に利用することができたのはトランプの手腕じゃないですか。バノンの業績かもしれない。バノンはかつてのブッシュ（息子）のときの**カール・ローブ**みたいな形でホワイトハウスに入ってくるわけですよね。だから、彼がいないとやれない。

これまではトランプはラッキーだった。２０１５年の12月、大統領選の指名獲得レースが本格化した時に、カリフォルニア州でテロが起きました。あのスタートが彼にとっては非常に良かった。あれが起こった時、共和党内のライバルだったジェブ・ブッシュはちょうどシリアの移民受け入れの論議が起きていたので、「シリアのキリスト教徒は受け入れる」と中途半端なことを言った。しかもブッシュは紙を読んでいた。ああいう肝心なときに紙を見ていてはだめです。ところが、トランプだけは「イスラム教徒全面禁止」とズバリ言った。つまりニュースにする能力というのがバノンのアドバイスでしょう。バノンがいなければ難しかった。

選挙戦の最中にアメリカに行った時に、テレビを見ると、朝から晩までトランプですよ。良くも悪くもトランプです。朝見て驚いたのが、きょうの演説会場はどこだと、演説会場の外にカメラが既に行っているわけです。「まだ人の動きはありません」とかリポートしている。

夜になると今度は討論番組になって、トランプの賛成派と反対派が議論する。反対派は当然トランプの悪いこと言うけれども、悪くてもテレビはトランプが主役です。他の人の存在感はない。バノンのような異能の士を陣営に持ってきたということで、共和党も分断したわけです。

しかし党議拘束もないアメリカなので、人事や政策で、議会、特に上院は、かなり拮抗していますよね。寝返る人はかなりいると思いますよ。トランプは思想的に一定の方向性もないので、フラフラしながら多数派工作をしていくのが、これからの政治じゃないですかね。

★カール・ローブ＝ブッシュ（息子）大統領の側近。２０００年大統領選でブッシュに勝利をもたらし、以降ホワイトハウスの戦略中枢を担った

ビジネス感覚に賭ける

会田　トランプの経済政策で一つ忘れてはならないのは、ト

ランプがビジネスマンだということです。インフラ整備などで雇用をつくろうと言っています。アメリカのインフラはむちゃくちゃです。総計では、3・6兆ドル必要だといわれています。これを順次進めていけば、大きな**ニューディール**みたいなことになる。しかもそれは不動産が絡んでいる。だから、インフラ整備は、彼のビジネスの感覚からすると、アメリカを浮揚させることができると判断するはずです。

しかし製造業については、彼には過去にしかアメリカ浮揚のモデルが見えない。ビル・クリントンは**ニューデモクラッツ**です。製造業がなくなっていく、労働組合が細っていく、さあ民主党はどうするか。だからこそ、産業政策がニューデモクラッツの核になったのです。そして新しい産業政策を作った。金融、IT、環境。もはや先進国がこういった産業でしか世界の中でリーダーとして動けないと分かっていた。ビル・クリントンは繁栄を生み出した。けれど規制緩和で金融をものすごく活性化したために、待っていたのはリーマンショックでした。

★ニューディール＝大恐慌時代に登場したフランクリン・ルーズベルト大統領が始めた大型の公共投資で経済を立て直す一連の政策
★ニューデモクラッツ＝リベラル化して支持者を失った1980年代の民主党を中道寄りに変えた政治家たち。民主党指導者評議会（DLC）が中心組織

――トランポノミクス（トランプの経済政策）の行く末には何が待っているのでしょうか。

会田　製造業復活の方法にはドイツ型があります。いわゆるサプライチェーンを国内的になるべく維持して、質の高い製品のみを作って、ドイツは成功しているように見える。

労働者再教育は宿命

それから、労働者の再教育。ライシュは昔からこれが鍵だと言っている。ブッシュ（息子）だってそんなに馬鹿じゃないから、教育に突っ込んでいった。本当は戦争なんかやりたくなかったけど、9・11が起きてしまった。彼は国内教育を改革して労働者再教育は宿命だと分かっていた。おそらく十数回アメリカは、労働者再教育法を作っているんです。いずれも失敗している。

ドイツで成功したのにアメリカでは失敗する。やはり移民国家ゆえの民族構成、多文化主義社会が一因です。ドイツでドイツ人たちの教育レベルを上げるのはそれほど難しくない。言語的に統一されているし、国民性もある。

ドイツモデルは、日本には適用できるかもしれないけれど、アメリカではほとんど不可能です。ものすごく高度な製造業、日本のロボティクスとかですが、そこでしか先進国が製造業に入れない。しかしそれは知識集約型の部門が大きいため、雇用の創出にはならない。

そういう時代にトランプは大統領になった。彼に才覚がなくても、周りにどういう人間を据えるか、その人たちの意見を聞けるかどうかです。彼自身変わり身が早い。有能な未来志向の側近を選び、側近のやることを邪魔しなければ、意外とビジネスマインドを頼りにして賭けていけば、可能性はあると思います。しかし成功の実現性はといわれれば、かなり低い。

——経済政策ではインフラ投資へ期待が集まっています。

会田　既にTPP離脱を決めたわけで、次にインフラは手を付けやすい。自分を支えてくれた下層の人は喜ぶし、ニューディールということで国民の支持もものすごくあるだろう。民主党もあまり異論がないから予算は通りやすい。クリントンも途中からインフラ投資は賛同している。額がどうなるかは問題だけど、これはアメリカがやらなきゃいけないことだから、知識人も賛成している。

ニューヨークのケネディ空港だって古い。ああいうアメリカ中で再生すべきインフラはいくらでもあるし、公共交通をもうちょっと整備したらものすごく良いし、そういう部分は、彼の不動産業的な感覚とも合う。

空約束した問題については、例えば対メキシコ国境の壁にしても、万里の長城みたいなものを作らなくても、何か象徴的なことをやればいい。フェンスという手もあるなんて妥協が出てくる。そういう話は、彼と議会との取引だし、結果は想像できる。

——トランプがカラッポだとすれば、大統領としてやりたいこともないとなります。それは恐ろしいです。

会田　トランプは大統領になりたくて大統領を目指した。ほとんどの大統領は、漠然とした国家像を持っています。レーガンは対共産圏闘争という、若いころから、映画俳優組合にいたときから戦ってきた共産圏との決着をどうするか。共産主義に対するものすごい敵愾心《てきがいしん》。それは彼にとって大きいテーマだった。そしてアメリカはどうあるべきか、そういう国家像があった。

トランプの場合は何かというと、「アメリカをもう一度偉大に」という、つまり過去です。それは進歩への抵抗。そしてトランプが偉大に思うアメリカとは1950年ぐらいのアメリカ。そんなところなのだろうと思います。

ただ、彼を動かそうとしているやつらは、もっと違うところに思想の因縁を持っていて、私はそのグループが狙っているのが「反動革命」であると思う。その理由は、アメリカの近代化への抵抗、そして資本主義批判だということです。

いまはグローバル化批判だけど、バノンなどは資本主義そのものを否定的に見ているのです。そこが、トランプには分かっていない。

皇帝トランプ

――そうした思想グループの操り人形になる懸念もありますね。

春名　ネットなんかでは、「エンペラートランプ」と言っている。皇帝トランプ。これまでのオバマ、あるいはその前のブッシュ（息子）とか、ビル・クリントンなどは、国民に直接語りかけていた。

記者会見だってどんどんやる。トランプを取り囲む人々は、そういうスタイルの大統領ではなくそうとしているように思える。トランプは記者会見をやれば必ずぼろを出すでしょう。レーガンも記者会見が圧倒的に少なかったけど、そんな政権になるのではないでしょうか。

批判されるのを知りながら、娘婿のジャレッド・クシュナーを重用して、結局クシュナーを人事に関わらせ、干渉させた。それより問題なのは、大統領は本来自分の資産を、ブラインドトラスト（白紙委任信託）に預けるのですよね。第三者に預けて、一切アンタッチャブルにする。そうしないと、株式相場を動かすような発言をいくらでもできるわけですよ。いくらでも儲けることができるわけです。

ところが、自分の資産は、全て子どもたちに引き継ぐと言っています。ということは、いくらでも公私混同ができる。要するに利益相反です。

ホワイトハウスは金儲けの手段

ワシントンの連邦議会とホワイトハウスを結ぶペンシルベニア通りにあるトランプホテルは典型的な例です。あれは、昔の中央郵便局です。観光名所になっていました。トランプはあそこを国から借りています。ということは借り手と貸し手が同じになるのです。しかも、従業員の管理も、雇用者は自分であって、監視・指導する側も自分です。これは完全に分けないといけないんですが、完全に分けられてはいない。ひょっとして、ホワイトハウスを利用して金儲けしようとしているのではないかと言われても、おかしくないわけです。それが少しぐらいは頭の隅にあるかもしれない。

これは本当かどうか知りませんが、報道によれば「ホワイトハウスに泊まらないといけないのか」と聞いたという。実際その気持ちは分かります。ワシントンでの得票率が、トランプは4％。クリントンは93％です。だから、ワシントンは敵地である。そして適地に乗り込むのは嫌だ。子どもまで連れて行きたくない。

果たして自分の頭の中に大統領のイメージがあったのかどうか。国家というものを率いるとはどういうことか。アメリカの大統領になるとはどういう生活をするのか。分かっていなかったと疑わざるを得ない。

大統領は早朝にたたき起こされることもあるわけです。オバマだって東日本大震災の時の東京電力福島第1原発事故ではたたき起こされて、在日米軍の兵隊は大丈夫かって聞いたといいますが、やはり大統領の職はそういう仕事がついて回る。まあ昼寝しないと倒れますよ。

会田　レーガンも昼間寝ていた。確かにレーガン型というか、全部副大統領のペンスに預けてしまう。外交も内政も。自分はニューヨークのトランプタワーにいて、ペンスに「ホワイトハウスはおまえがいればいいよ」となる。だけどやはり、リスクや国家安全保障も考えると、**シチュエーションルーム**がないと、だめです。

春名　今のトランプは演説をやっても明らかに余裕がない。読んでいるだけです。トランプは自由にしゃべっているときが一番生き生きとして、そこに魅力を感じる人がいると思うのですが、今の演説は、しかめっ面で、アドレナリンが出ていない。これから先、自分で大統領を辞めたいと思うような局面が、たぶんあるかも分からないですよね。

今のところ株価は上がっているけど、株価が下がる局面があるかもしれないです。トランプの経済政策は**レーガノミクス**に似てくると思います。というのは、ドルが還流しますよ。金利も上がるとなると、アメリカ経済は短期的には良くなります。しかしその間、財政赤字は急速に膨らみます。

★シチュエーションルーム＝軍事作戦などで使用するホワイトハウス地下の部屋。前線司令官との機密性の高いテレビ会談などを行える
★レーガノミクス＝大幅な減税や規制緩和などレーガン大統領が行った経済政策。双子の赤字を招いたが、経済成長も実現した

肌の色より階級・学歴・職が分断する

——白人労働者「忘れられた人々」は人口動態を見ていくと、これから割合が減っていく。トランプ政権というのは最後のそういう人たちを母体にした政権になるのではないですか。

会田　その議論は単純化され過ぎています。１９６５年に白人人口

NPOの救護所で無料の夕食をとるホームレス。白人の中年男性が増えたという（ニューヨーク/共同）

トランプタワー周辺で警官隊とにらみ合う抗議のデモ隊（共同）

は85％近くあった。今、白人は62～63％。その後一番大きいのはヒスパニックです。16～17％ぐらい。その後黒人が12％ぐらい。ヒスパニックの伸びが一番高い。２０４０年代に白人が50％を割り、２０６０年台になったら白人は45％ぐらいになるといわれていますが、白人が少数になったから、全体の意識が変わるとはいえない。数値的には白人と少数派の合計は逆転するかもしれないけど、今の最大の問題はエリートとそうでない人々との違いです。肌の色でなく、階級、学歴、どういう仕事に就いてどういう育ちかという、そこがアメリカを分断する大きな溝になっていくわけです。

――アメリカの分断が続き、議会が抵抗すれば法律や人事が通らず、政権運営は難しくなる。トランプはどう乗り越えるのでしょうか。

マイケル・フリン（ロイター＝共同）

春名　バノンが戦略家なので、そのあたりの差配役でしょう。トランプへの国民のアクセスを防ぐ、メディアからのアクセスも制限する方向に行くんじゃないかな。遮断、隔離ですね。有利な情報だけはどんどん出す。レーガンのときもそのような傾向がありました。

トランプの問題は人が使えないことです。レーガンは人の使い方が非常にうまかった。そしてソ連を崩壊させてしまった。トランプ政権で対ロシア戦略をやるとすればフリンですよね。しかしフリンは「キワモノ」ですよ。でかいグランドデザインが描ける人ではない。

大戦略を描けないからTPP離脱する

グランドデザインが描けないというのは、TPPへのトランプの対応を見ても明らかです。TPPはアメリカのリバランス（アジア重視政策）と結びついているわけです。リバランスをしないと中国はどんどん出てくる。だからTPPをやめてもらって中国はものすごく喜んでいる。

TPPは経済的にどんな効果があるかというのではなく、戦略問題です。トランプはそこを全く理解していない。フリンはロシアを見ています。しかしアメリカは中国とロシアの両方を抱えているから、トランプには世界戦略はやれそうにないと思いますね。

会田　質問に出ている「分断」は幾つかに分けて考えるべきです。一つは、今度の選挙で大きく問題になった「社会の分断」です。これは、アイデンティティー・ポリティクスに象徴されるように、

さまざまな人種グループや文化的なグループの間に分断が起きている。

これにオーバーラップするのは政党の分断。多文化主義者、知識層、金持ち階級、それらが民主党になり、共和党はそこから取り残されている古い考え方の人たちを基盤としている。

それから、経済的に上昇できないところに置かれた人たちと、グローバルに仕事をしている人たち、ここに激しい亀裂があって、民主党はこのエリートたちの政党になっている。上がれない人は共和党に行く。

高卒の人々は2010年、11年ぐらいから民主党より共和党を支持している。貧しい者たちは、かつて民主党でしたが、今は共和党です。労働組合が弱くなっているから労働者は共和党に行っている。大きな変換が起きている。

エリートの政府・統治機構の中の分断もある。これはエリートの中の分断であって利権をめぐるさまざまな取引の分断が起きています。きれいに見える民主党のアル・ゴアだって環境産業グループと結びついて、ものすごい資金を担っている。いわゆる先端型の産業は民主党とつながっている。普通の人々はそれに怒っている。そして共和党は古い産業の労働者の政党になってしまったという分断が起きている。

★リバランス（アジア重視政策）＝中東や欧州偏重だった米国の対外政策の重点を、アジアへ移すものでオバマ政権が始めた。中国と対峙する目的を持つ

――トランプは政治の街ワシントンにとって異端の大統領です。民主党は対立するし、共和党だって自分たちの仲間とは思っていない。議会とうまくやっていけますか。

会田　利権争いのゲームでは、大統領と上下両院が同じ政党になったから表向きはやりやすい。でも、実はやりにくい。トランプは共和党の主流派と対立してきた。全く異質のリーダーです。旧来の伝統的な共和党、小さな政府の共和党におさらばしようと言ってきた。

リバタリアンが米国人の思想

ポール・ライアン下院議長みたいな人の基本的な思想はリバタリアンです。リバタリアンは思想グループとしては小さいように見えるけど、実はアメリカ人の基底の思想です。「自由でありたい、政府は小さく」であり、それが共和党の主流です。

ドナルド・トランプ（左）とポール・ライアン米下院議長（ロイター＝共同）

もちろんトランプもライアンも政治家だから、「ハイ」と仲良く握手しているけれども、心の底では、お互い「このやろう」と思っている。これがいつ爆発するか。お互いにしばらく相手のポジションを見ている。トランプだって自分のポジションをどこに置くかまだ分からなくて、うろうろしているわけで、ライアンらがトランプをにらみながら、「こいつとどのあたりで取引して自分たちのアジェンダを通すか」と狙っている。

大統領はだんだん「俺、こういうことをやってみたい」という願望が出てくるわけです。簡単なのは財政出動のインフラです。しかしライアンが「小さな政府」の原則を破るのかと怒りだす。こうしたワシントンの対立は「忘れられた人々」が一番嫌っていることです。

春名　共和党議会がトランプをどう思っているかというのが鍵ですよね。彼は共和党を出たり入ったりしている。ワシントンで彼の支持基盤というのはないと思います。

会田　それは、トランプ自身もよく知っている。当たり前だけど、自分が彼らをけなしてきたことを知っている。これから仮面をかぶって大人のゲームをやる。トランプはまだ何をしたいというゲームプランがないから、とりあえずは仲良くしておこうということですよ。

ラインス・プリーバス（ロイター＝共同）

――トランプ政権の人事をどう見ますか。

春名　共和党主流派を抱き込む一つの餌は人事ですね。しかしそのあたりのコツがレーガンとは全然違う。多数派をにらんでやっているのか、自分たちの側近の意見を優先しているのか、はっきりしないのです。

プリーバスを入れたのは、主流派対策だと思いますが、プリーバスの意見をどれだけの人が聞くのか。プリーバスは結局、ウィスコンシン州を民主党から共和党に転換した手柄はあるかもしれないけど、全国的にやれる人なのかどうか。適材適所とは言えないですよ。

★ポール・ライアン＝下院議長。議会共和党の実力者でティーパーティーの支持も得た小さな政府論者。将来の共和党大統領候補と目されている

政治ゲームとしての弾劾シナリオ

――人事は「キワモノ」的な人が並んでいます。

春名　そうですね。マティス国防長官とか、財務長官のスティーブン・ムニューチン、ポンペオＣＩＡ長官もそうだし。

会田　実に変な人が多い。

――トランプは議会に弾劾される可能性も指摘されていま

ジェームズ・マティス（ロイター＝共同）

マイク・ペンス（ロイター＝共同）

す。

会田　まあ、シナリオはあるのでしょう。トランプは議会に対して融和的に対応しなければならない。怒り出したら彼らは弾劾訴追を使えるわけだから。「もうやるぞ」「もう許せん、あんなやつ」となったときに、議会が弾劾に使えるスキャンダルの種がトランプならいくらでもある。特別検察官を立てて、それでもう「あいつは吹っ飛ばそう、副大統領のペンスに代えよう」と思えば、**大統領弾劾**はゲームとしてはあり得るわけです。

　でもこれはまたエリートのゲームの世界だから、人々はまたそれを見てあきれるけど、ゲームの世界では可能性がないわけではないと思う。だって、こんなひどいやつ今までいなかった、と間違いなく皆が思っている。共和党にだってこんなやつこれからどうするのだ、という思いがある。

春名　アメリカ史初の政党に属さない大統領と言われています。つまり、共和党に地盤がない。だから家族に頼る。

会田　実際に税金も払えないような人だから、金があると言っても、大したことない。まさに、何もない人。ただただ、言葉だけで、悪口だけでここまで来た。

春名　だから、利用しようとするやつがかなりいるから、操り人形になるかもしれない。

★大統領弾劾＝大統領を議会が罷免する憲法上の制度。ニクソンはウォーターゲート事件で弾劾の動きが始まる中で辞任。クリントンも女性問題で弾劾訴追された

スティーブン・ムニューチン
（ゲッティ＝共同）

超大国アメリカは沈没、それとも再浮上？

――トランプのアメリカは保護主義で、内向きです。アメリカは国際社会でどんどん沈んでいってしまうのか。あるいは、レーガン時代のように浮上するのか。

春名　ビル・クリントン以来の3大統領の24年間の統治は、戦略的に大失敗です。失敗を踏まえな

かったのがヒラリー・クリントンです。トランプは全体を駄目だと言ったので、この24年間は失敗だったという認識は持っている。

冷戦を比較的穏便に終わらせた親父のブッシュは再選されなかったけれど、偉大な外交手腕を持っていた。

ところが、その後の大統領は戦術しかない。ウクライナ問題で米ロはいがみ合っていますが、オバマはクリミア併合に対して制裁でしか応じられずにそれをどんどん強めようとするしかなかったというところが、浅はかだった。そこをトランプが修復できるのか。要するにウクライナをどう考えるかなんです。それと1990年代から続いた北大西洋条約機構（NATO）の東方拡大です。NATO拡大は明らかに1996年の大統領選挙で、共和党候補だったボブ・ドールから言われてビル・クリントンが乗ってしまった。ポーランドなど東欧に武器を輸出できるというのが非常に大きい理由です。

中国にとっての北朝鮮もそうだけど、ロシアが緩衝地帯を必要とすることが予測できなかったわけです。トランプがロシアとの和解に踏み切る可能性はあります。ウクライナはヘンリー・キッシンジャーが言うように「架け橋」です。ウクライナの中立・独立を認め、双方とも手は出さないという合意に達して、その代わりに制裁をやめる。

あるいはロシアは、クリミア半島を租借するということにする。そうでもしないと解決しないと思います。それはオバマにはできなかったが、トランプなら可能性はある。
あれだけ「ロシアに近い大統領」と言いながら、ロシアとの関係で何をやるかが見えてこない。だからそうしたことをやれる人物が部下に必要です。トランプは、キッシンジャーにも大分長く会ったそうですね。ウクライナの問題がどうほぐれてくるかというところです。急にやっても外交は分からないと思いますが、米ロ関係が非常に良くなれば、国際環境はかなり良くなる。

★ヘンリー・キッシンジャー＝ニクソン政権の国家安全保障問題担当補佐官、国務長官。大国協調を唱え、米中和解を実現した

中国は対米関係考え直す

――米中関係はどう進みますか。

春名　中国は米ロ関係が良くなると、やばいと思うでしょう

ね。中国も一つの問題で解決を付けられると、対米関係を考え直さないといけない。オバマはこれまで北朝鮮に全然手を出さなかった。ブッシュ（息子）政権があれだけ内部で反対がありながら米朝協議をやりましたが、米朝関係が良くなるということは中国にとって非常に危ない。

フィリピンのドゥテルテ大統領

今は北朝鮮に対する制裁だって3カ月ぐらいたったらやめているという話ですが、オバマのように「**戦略的忍耐**」などと言って北朝鮮に対して何もしないというのは、これからは通用しない。そのあたりがトランプに分かるのであればチャンスは出てくると思います。

南シナ海情勢も、だいぶ良い方向にいく可能性がありますよ。中国の専門家によると、中国はＴＰＰをやめたトランプを相当馬鹿にしているらしいですから、このままだと駄目です。ただチャンスは出てくる可能性がある。つまりウクライナを突破口に、北朝鮮とも直接交渉すれば、中国が変わってくる。

それからフィリピンのドゥテルテ大統領が絡んできています。中国は南シナ海をめぐる7月の**仲裁裁判所の判**

キッシンジャーと会談する中国の周近平国家主席（共同）

断を骨抜きにしてしまった。ベトナムにも中国の艦船が入港しました。アメリカは盛り返さないといけない状況に追い込まれているわけです。

さてそのドゥテルテは、トランプは良いといって喜んでいるのです。なぜかといえば、ドゥテルテにすれば、自ら始めて効果を上げている麻薬犯罪対策の人権上の問題を、民主党がうるさく批判している。オバマもそうだった。しかしトランプは全然言わない。

こうして好意を持たれているトランプが、ドゥテルテをうまく抱きこむことをやれば、南シナ海情勢はだいぶ変わってくると思いますよ。東アジアの安全保障も中国側に傾いていたものを、西側に、アメリカ側に戻す可能性は十分あるわけです。

もちろんアメリカにとっての中国は、アメリカにとっての日本とは違う。どこが違うかというと、日本はアメリカからの直接投資を受け入れていない。中国はアメリカからの直接投資を大量に受け入れて、結局ラルフローレンだって、アイフォンだって中国で作っている。

だから中国に対して本当に厳しい態度に出られるかとなると、非常に難しい。日本は直接投資を引き受けていなかったので、レーガンが日本に対してあれだけ制裁しているわけです。ロン・ヤス関係が良いと言われたけれども、実際経済面を見ると、日米関係は非常に悪かった。

トランプは中国を**為替操作国**として指定し関税をかけると言ってきましたが、合理的に考えられるかどうかです。中国は実際、為替操作国ですが、いまは人民元相場が上がってきている。特別引き出し権（ＳＤＲ）の中に入れてもらわないといけないので上げてきた。いまは下げていない。

★戦略的忍耐＝オバマ政権の対北朝鮮政策の原則。北朝鮮の挑発行為に乗らずに米朝２国間交渉をしない。この間北朝鮮の核ミサイル開発が進んでしまったと批判されている

★仲裁裁判所の判断＝２０１６年７月に国連海洋法条約に基づく仲裁裁判所が南シナ海での中国の主張を根拠がないと否定した判断

★為替操作国＝米議会が、ある国が通商を有利にするため為替を不当に操作していると指定すれば、通貨の切り上げを要求し、高関税をかけられる

尖閣への日米安保適用を知らない

――トランプは東アジアにおける安全保障のコミットメントも減らすのではないかと思われています。尖閣諸島への日米安全保障条約5条の適用をオバマ政権は明言してきましたが、トランプはそのことを知っているのか知らないのか、聞かれたら何て答えるのでしょう。

春名　尖閣諸島への安保5条の適用というのは、たぶん分からないと思います。アメリカは尖閣の日本の主権を認めていません。主権については議論の対象だと言っているわけです。そうすると、トランプは、「そんな主権でもないところを何でアメリカは守らないといけないのか」となるでしょう。「安保条約は、施政権のあるところが対象です」と言っても、主権と施政権がどう違うのかという議論から始めないといけない。この大統領は学習期間が必要です。1年でも無理です。

――会田さんは、トランプのアメリカは世界でどんな地位を築くと見ますか。

会田　冷戦が終わった後のアメリカは基本的にはずっと内向きです。やむを得ない理由で9・11が起きたりして、外へ出て行った。

だから兵を引いたオバマの決断は、いいとか悪いとかは別として、アメリカの歴史の流れの中では自然です。アメリカ人はやはり、大きな孤立した島で生きていきたいという気持ちが強い。ただ20世紀に入ってから、世界と関わらざるを得なくなった。経済もみなつながっているし人の動きもそうだ。それでも人の心の中に孤立主義はある。

それは政策の中で、いろいろなところで顔を出す。戦略的忍耐とか訳の分からないことを言い出すのに対しても、国民はどこかで納得していたと思います。そういうものにも乗っかって、トランプも出てきている。普通の労働者からすると、「なぜ自分の国を守っていない国を守ってやるのか。意味が分からない」です。トランプは、意味の分かるようなことしかやりたくないだろうから、いろいろなことがこれから起きるでしょう。

――トランプ外交で注目すべき地域はどこでしょうか。

ロシアとの関係です。ここまで戦略的にやってきたとすれば賢い。オバマの逆張りをやるという単純な発想だったかもしれないけど、世界的に考えるとすごく大きなことで、ロシアとの関係を大転換すれば、さまざまな問題が解決する。

ロシアとの関係を改善するには、ウクライナ問題を決着させないといけない。ヨーロッパも何かウクライナで取引するだろうと恐れている。

★尖閣諸島への安保5条の適用＝日米安保条約5条は米国による日本防衛義務を定め、オバマ大統領は尖閣諸島が適用対象であると明言した

ニクソンの逆を行く

最終目標は中東だと思います。面白いのは、キッシンジャーと会っただけではなく、トランプはニクソン・センターと接触し、いろいろな外交問題について話を聞いたりしている。つまり、彼としてはニクソンがやったような方向性で自分もやれることがあるという感覚があって、ニクソン・センター、キッシンジャー・グループと接触した。彼らはアメリカの外交の中においては極めて特異な形の人たち、つまりパワーゲームの世界です。

リチャード・ニクソン第37代米大統領
（Newscom/共同イメージズ）

トランプが何かやれると思っているのは、まずロシアとの関係です。かつてニクソンが中国にやったのと一緒ですよ。当時ニクソンはベトナムから抜け出たかった。そのため一旦戦線拡大までする。でもそれは同時に、中国との関係を動かしながらやっていって、最終的に脱出していった。そうしなければアメリカ経済が滅びると思った。全てアメリカ再興のためです。当時のアメリカは今よりひどかった。金ドル交換停止になるし、物価統制もやらざるを得なかった。

トランプの中には、ニクソンイメージがあると思います。それは、内政的に悪い面でも似ている。つまり、差別意識をうまく利用しながら、政党拡大を狙った。これはニクソンの選挙戦略の最も典型的なところです。

それでは外交的にニクソンイメージは何かというと、大転換です。大転換の目標は、アメリカが楽をしたいということです。つまりむちゃくちゃな関与はやめる。国内へ資源を振り向ける。外交の面倒くさいことから何とか逃れたい。今一番大変なのは中東です。ISがあって、難民の問題が世界の政治・経済をむちゃくちゃにしている。シリア問題を何とか打開すれば、大きな世界政治の転換が訪れるかもしれないというのは分かると思うんですよね。

そのためにはロシアとよりを戻す。ウクライナを解決しその先の目的は世界政治のがんであるシリアの問題を押さえる。

アサド大統領（タス=共同）

プーチン大統領（タス＝共同）

トランプがアサド大統領側へ寝返っても、米国人はトランプだからしょうがないと、諦めるムードはある。
キッシンジャーという人間と会ううちに、世界秩序全体に関する彼自身のイメージが出来上がってきたのだろう。プーチンと仲良くするのは、仲良くした後で何かをするためだと思います。ヨーロッパは相当怒るだろう。でもヨーロッパも政治が混乱しナショナリズムになっている。

さあ、そのあと中国との関係はどうなるかと。中国は焦るでしょうね。何か不思議な関係が米ロ間にできてきて、ニクソン訪中の逆だと思い出すわけですよね。自分たちが今度は囲い込まれるのではないか。ではそこでどういう手を打つべきかを、歴史的に中国も考えるでしょうね。そのときにどのような行動が中国から出てくるかというのも見ものです。

キッシンジャーが埋め込むデタント

米ソデタントが実現すれば、世界史は前進するとニクソンは考えた。今は当時と力関係が違ってきて3極的な様相が見えている。米中ロのデタント的なことが起きたとしたら、そのときに日本がどうなるのかという話が出てくる。もう日本はプレーヤーとして要らなくなる、そんなゲームプランも想定できます。でもこれは全てキッシンジャー的モデルで世界外交を考えた場合です。トランプはそういう発想をキッシンジャーたちリアリストに埋め込まれてきて、自分ができるものとして考えているのではないか。

トランプ政権の対外政策のキーマンはキッシンジャーというか、彼を軸とした、ニクソン・センターのリアリストのグループでしょう。

——トランプ大統領誕生をイスラエル政府は歓迎しているけど、トランプを囲む人々には反ユダヤ的な人もいる。

会田　このグループは、**反ユダヤ主義**が出てきてしまう。古くからポピュリスト運動にあったのは、反ユダヤ主義です。歴史的に下層白人階級が起こす反乱の中には、反ユダヤ主義が入ってきている。反資本主義と関係しているからでしょう。

なぜ、オーストリアで経済自由主義が生まれたかというと、オーストリア・ハンガリー帝国のウィーンにいたユダヤ人たちが、生きる道として見つけたのが国境のない経済です。近代資本主義のグローバル化の思想的なバックグラウンドはそこにある。

多くのヨーロッパ思想がアメリカに入ってくる中で、反ユダヤ主義がアメリカの中に染み込んでいった。下層階級はそれに染まって反乱を起こすときにユダヤ人も敵の一つにしてしまう。

春名　今回の大統領選挙は、アメリカが唯一の超大国という地位を維持するかどうかがかかっていたのです。結局トランプが勝利したので、スウェーデン元首相のカール・ビルトは、「西側の終わり」と言っています。西側とは自由と民主主義、自由貿易、強固な同盟を指している。トランプではそのどれにも、疑問符がついてしまう。西側では誰が米国の代わりをするかというと、メルケル・ドイツ首相だ、いやドイツだと言う人もいる。しかしドイツは世界じゃない。やはりアメリカが世界なのです。

★米ソデタント＝ニクソン大統領がソ連と進めた緊張緩和政策。戦略兵器制限条約（ＳＡＬＴ）や弾道弾迎撃ミサイル（ＡＢＭ）制限条約を生んだ
★反ユダヤ主義＝ユダヤ人やユダヤ教に対する迫害や敵意。欧州のユダヤ人集団迫害（ポグロム）やホロコーストを生んだ

超大国の資質を失いつつある

だからアメリカが唯一の超大国でなくなるかどうかというところが、一番関心の的です。トランプの米国と欧州は離反でしょう。中東もあれだけアメリカが人をつぎ込んで戦争もやったのに、いまだに破綻国家、無秩序の無政府状態が続いています。アフリカだってそうです。

アメリカは超大国としての資質を失いつつある。3大統領24年間の施政で明らかに失敗続きです。だから中東があんな状態なのです。これを逆転できるのかどうか。関与できるのかと。このままだとできそうにないですね。

――アメリカは経済を立て直して、再び世界に出て行く、という論者もいます。ベトナム戦争の後もそうですが、一時的後退であって、いつかまた世界に君臨するのではないですか。

春名　ベトナム戦争のときと今とでは条件が異なっています。まず、当時は徴兵制です。いまは志願兵制で死んでいくのは下層階級です。それこそ激戦州の白人労働者の子どもたちが大学に行けないので奨学金稼ぎに戦争に行っている。

そういう状態で戦争を続けてきましたが、限界です。その切実さがトランプに見られない。切実さをひたむきに追求した上で、それでも超大国としての責任を果たすということにならないといけませんよね。

ところが、トランプはエルサレムをイスラエルの首都と認め、米大使館を移すと言っているのです。これでは事態をさらに複雑にする。これだけでも分かるように、この政権では超大国としての要件がさらに後退する恐れがあります。

ロシアと和解に持ち込んでその先も含めて戦略的に考えないといけない。ベトナム戦争のときは、その後を考えてニクソンはパリ協定（ベトナム和平協定）に調印した。明らかに戦後のことを考えながら軍隊を撤退させた。それを考えないでイラクから撤退したのが、オバマです。超大国の大統領としての資質を欠いているわけです。

貧しいアメリカ人だって、やはりこれはおかしいと、薄々分かっている。クリントンでは超大国としての責任を果たすという資質がない。トランプにもその資質があるとは思っていないけど、内政で新しいことをやってくれそうだということで投票したのでしょう。

――超大国としての責任を担う意志が、トランプの発言からは全く聞こえてきません。

会田　「アメリカは衰退して駄目だ」と、私はすぐにはそうは思いません。GDPでアメリカは相対的に小さくなっているというと、まさにそうです。

でも、世界経済はそんな格好をしていない。一国の経済力を考えるときに、国内経済の規模で見るのではなく、そこに拠点を持つ多国籍企業がどんな世界戦略でどこに工場を展開しているか、その全てが一国の経済力です。タコ足のごとくいろいろなところに展開しながら動いている。しかもその最も重要な部分は日米欧にあるわけです。

★エルサレムをイスラエルの首都と認め、大使館を移す＝イスラエルはエルサレムを首都としているが、占領地からの撤退を求める立場から、米国はテルアビブに大使館を維持している。こうした立場を転換し、イスラエルの意向に従う

重要なのは軍事力

一番基幹的な部分は米、欧、日の三者は譲ってない。世界経済の中核部分で、知的財産や国際展開能力とか、そういうものは、資本主義を最も長く、戦争を挟みながらやってきたこれらの国が依然として握っている。こういう主要国、近代化を最初に突っ走ったところは、依然としてものすごい力を持っている。

アメリカは第一次世界大戦が終わった後に孤立主義の時代が来て、大恐慌に入る。結局第二次大戦が起きるけれど、またアメリカの大きさが証明される、それが繰り返される。ベトナム戦争の時もそう。今回もひどいところに来ているけど、アメリカって一つの国民国家として考えたら分からないところがある。アメリカが世界みたいなところがあって、あの大陸にさまざまな人が集まって一つの国と呼ぶには狭すぎる、アメリカはもう少し大きな概念であり、そして20世紀以降の世界を動かしてきた。

これに代わる力は見えない。かつての英国の自由貿易体制というのは面白い体制で、人を支配する体制じゃなくて、経済を動かすだけの体制だった。それを引き継ぎながら、アメリカは国民国家とは別の形をした国家となった。われわれがいま享受している自由貿易体制と自由民主主義の基盤になっている。アメリカに代わる国はないし、なくなった場合に、世界がとてつもなくおかしなものになる。私はアメリカが力を取り戻すときがあると思います。

春名　そうした基本をトランプがわきまえているかどうかが気になります。結局重要なのは軍事力ですよ。軍事力、特に同盟関係です。東アジアでいえば、在日米軍基地です。トランプは在日米軍基地の重要性が分かっていない。ビル・クリントンも分かっていなかったらしい。沖縄で少女暴行事件が起きて、ようやく分かった。

　トランプも在日米軍基地の重要性を分かるときがくると思いますが、今は分かっていない。やはり、軍事力があっての経済力なんですよね。軍事力がない国は、中国などはまともに相手しない。アメリカが弱体化すれば、日本も相手にされなくなるというのはプーチンの態度を見ても分かります。プーチンは、トランプが当選したらアメリカなんか俺の手のものだと思っている。だからあのように日本にも冷たい。態度が本当にあからさまです。

　トランプは超大国としての責任をまず感じるべきです。そして日本はその中で、何ができるかということを考えるべきです。安倍晋三首相はトランプに「おめでとうございます」と真っ先に駆けつければ何とかしてくれると思ったらしいけど、ＴＰＰではやられた。ＴＰＰはアメリカにとって決して損じゃない。トランプはＴＰＰをやめて２国間の自由貿易協定をやろうと言っている。それじゃあ全然駄目です。ＴＰＰは中国に対する戦略的な取り決めです。トランプには地政学的なセンスが全くないということです。

どうする世界と日本

――２０１７年は欧州が選挙の年です。ポピュリズムの世界的な興隆、そして保護主義が重なると、過去の歴史では大戦争が起きています。トランプの勝利は世界をどう刺激しますか。

会田　欧州の右派政治家たちは、間違いなく喜んでいるだろう。苦しんでいる人たちは助けを求めている。彼らに響

く言葉はナショナリズムしかない。人々は甘い言葉を待っている。あの方法でやれば俺たちは、政権を取れると。

でも、ポピュリズムの形は、国によって出方が違う。大統領制の中で起きたことと、議会民主制の違い。2大政党制と、複数政党制の国との違い。2大政党制のほうが危ういということが今度はよく分かった。複数政党制のドイツやフランスなどでは極右は伸張するだろうけど、あるところで封じ込められるのではないか。

トランプみたいな政治家はアメリカ史上何人も出ています。最もすごかったのはウィリアム・ブライアン。ブライアンは英雄だといわれているけど、ブライアンと同じ時代の人にはトランプに見えたはずです。妄想的なところがあって、例えば、「金本位制をやめろ。銀本位制だ」と当時の常識人にとったら信じられないことを言う。彼はキリスト教原理主義かもしれません。進化論を否定するし、アメリカの資本主義をみんな否定して、農民の味方をした。

ほかにもポピュリズム政治家がたくさん出てきたが、封じられる。政治制度の面白さで、地域で封じ込められてしまう。勝てない。でもトランプはここが一番重要な問題なのですが、SNSを使って今回のようなことが起きた。ヨーロッパの場合は、2大政党制じゃなくて多数政党が動いているので、ある程度のところで封じられていく可能性はあると思う。伸張はするけれども、一挙に政権を取ったりしないのではないでしょうか。しかしトランプみたいな人ばかりが先進7カ国（G7）

首脳会議に集まるということはないだろうと期待しています。

★ウィリアム・ブライアン＝「人民による政権奪取」を唱えた政治家。19世紀末から20世紀にかけたびたび大統領候補になり、雄弁な演説で人気を得た

TPPは名前を変える

――グローバル化と保護主義の関係はどうなると思いますか。

会田　これは面白い。自由貿易の旗を降ろしてはいけないけど、救済は必要です。一定程度の措置を取っていかないといけない。国際的に展開しているサプライチェーンやバリューチェーンを賃金の安いところに持っていくのではなく、国内に戻していかないと世界経済がおかしくなる。

そして海外に逃げているお金を戻す。その中で、新しいグローバル化、自由貿易のあり方について、先進国を軸としてもう一度考えていく。それがすごく重要です。原理主義的な自由経済主義者

でも「グローバライゼーションは終わった」という人が出てきている。直さないともっとひどいことになると気付いたのです。
自由貿易は地域的なものからやるしかない。中国中心となる東アジア地域包括的経済連携（RCEP）を進めながらどうやって将来的にアメリカをかませるかということを考える必要がある。TPPは名前がもう駄目だけど、話をしていけば「もう1回始めてみようか」という可能性は出てくると思います。

春名　ドーハラウンドで、世界貿易機関（WTO）はグローバルに関税引き下げをしようとしたけどできない。クリントンはアジア太平洋経済協力会議（APEC）でやろうとしたけど、中国もロシアも入っているから全然まとまらない。
しかし結局のところ、なぜTPPになったかというと、地政学的な対立です。中国を囲い込む。オバマが言ったように、中国には貿易のルールを書かせないということです。

EU離脱派が勝利した国民投票の結果を喜ぶ英独立党のファラージ党首（ロイター＝共同）

ポピュリズムがある限り、保護主義は出てくる。ヨーロッパではポピュリズム政党がたくさんある。イギリスの**ナイジェル・ファラージ**が、トランプの集会に出ています。これはヨーロッパでもアメリカでもショックですよね。つまり二人は協力しているわけです。

★ナイジェル・ファラージ＝イギリスの右派政党である独立党党首。欧州連合（EU）からの離脱運動の中心だった

連帯しないポピュリズム

しかし欧州では、左のナショナリズムもあれば、右のナショナリズム、ポピュリズムがある。この人たちは思想的な連帯まではできない。トランプ政権にしても思想はあまり明確ではない。ヨーロッパの政党との本当の連帯はできないはずです。

優先されるのは地政学です。地政学的な対立をまず片付けないといけない。そうすると、どうしても危険な要素は芽を摘んでおくというわけで、軍事力が出てくることになります。その辺が、マ

リーヌ・ルペンには分かっていない。

ルペンはフランス大統領選挙で決戦投票に出るのが確実といわれています。自分が勝って、トランプとプーチンとルペンのトリオで、世界平和に貢献すると言っています。しかし何らかの平和のための仕事ができるかというと、できそうにない。現状に対する怒りは一致するかもしれないけど、前向きに何かを作り上げていくのはできない。そこが一番のポイントです。

たくさんのニューナショナリズム的な政党ができても、固まった力にならないのなら、一時的なものです。嵐のように来ていますが、あとは落ち着く。落ち着かせることができない場合には、第三次世界大戦が起きるかもしれない。

マリーヌ・ルペン仏国民戦線党首（ロイター＝共同）

★マリーヌ・ルペン＝フランスの極右政党「国民戦線」党首。反ＥＵ、反移民を掲げている

アメリカ対イスラムの構図

――イスラム教過激派がトランプの言動を好機ととらえて、テロをやる可能性があります。「アメリカ対イスラム」という構図は、トランプ政権が相手では作りやすい。

春名　そうです。9・11でウサマ・ビンラディンが狙った米国とイスラムの戦争をブッシュ（息子）がそのままやってくれた。だから中東が今、大戦争なのです。こんな状況をトランプのような人が乗り切れるのかというのは、疑問です。

――日本はトランプ大統領のアメリカ、そして世界にどういう構えで臨むべきでしょう。

春名　11月17日のニューヨークでの会談は、安倍さんがこちらから頭を下げて会ってくれと頼んだ。もうちょっと強気で出てもいいわけですよ。トランプは「信頼できる人だ」と言われて、ものすごく喜んだと思いますよ。焦りは禁物です。日本はアメリカの大統領が代わる度に、首脳会談を早くやらないといけないと考えるのです。安倍さんは明らかに焦っている。ニューヨークで会った時に早い時期に正式の首脳会談をやることに同意したと言っていた。早く首脳会談をやりたいんですよ。焦っているのです。

トランプとの会見を終え、記者団の質問に答える安倍首相（共同）

焦りは禁物です。損です。トランプ政権の陣容も政策も固まっていないので、慌ててやると損をする。1993年の宮沢喜一首相とビル・クリントン大統領の会談がよい例です。会談を4月にやったけど、まだクリントン政権は政策も外交の陣容も固まってなかった。そのため記者会見で最後に、クリントンは円相場が安すぎると言ったのです。その直後から、円がどんどん上がってしまい、宮沢さんは8月の総選挙で負けました。

焦るとろくなことがない。ともかく連

絡を取ったり、政権に入りそうな有力者、あるいは入った人からワシントンの大使館が重要な情報を取るというのは重要ですが、首脳会談は満を持してやるべきです。

宮沢喜一首相（左）、とクリントン米大統領=1993年（共同）

日米首脳会談は焦らず

――今回焦って首脳会談をやると、どんなダメージがありそうですか。

春名　おそらくトランプは在日米軍基地の駐留経費を全部払えとか、これまで選挙期間中に言ってきたことをそのまま繰り返してしまう可能性が十分あります。それが政権の政策として世界に報じられてしまう。政権が固まっていない、専門家からブリーフを十分に受けていない、その段階での首脳会談は、そういうリスクがあるのです。

――安倍さんはトランプとケミストリー（気質）は合うでしょう。

春名　たぶんね。安倍さんは、オバマよりもトランプのほうが好きだと思いますよ。オバマとは全然合ってなかった。トランプでしめしめと、ニューヨークの会談でもそういう表情をしていました。TPPも大丈夫と思ったかもしれない。しかし会談の4日後、トランプはTPP脱退の方針をあらためて表明した。安倍さんと会ったことで、TPPで譲歩するのではと誤解されたら困るので、会談の後に早目に離脱を言った可能性があります。妙な憶測が広がると困るので、釘を刺した。だから安倍さんがニューヨークに行ったことは良かったのかどうか。

会田　幻想は持つなよということですね。

――会田さん、日本はどうすべきだと考えますか。

会田　先進国、世界資本主義の先端を突っ走ってきた先進国が難しい問題に直面しています。産業構造の転換。それからこれまでと違った貧富の格差。日本がやるべきことは安保の問題とかＴＰＰの問題がありますが、安倍さんはしばらく安定した政権を持っているわけですから、この問題を解決するための議論をちゃんとアメリカやヨーロッパと始めていくことです。

移民問題なども絡んでくるから日本は、きれいごとばかりは言えない。しかし日本の資本主義はそんなに悪くない。それらの国々と比べて善良というか、社会的な責任を日本の企業家たちってどこかで常に感じている。

やはりそういう伝統に則って異様に歪んでしまった資本主義とグローバル化を、もっと世界のためになるような、世界の繁栄にちゃんと結びつくような形へ転換していくための、さまざまな提案を日本はするべきだと思います。

いま一番大きな問題は、長期的には世界資本主義をどのように進めていくかという話で、その中から自由貿易の前進もまた見えてくるでしょう。何しろ自由貿易がなかったら日本には絶対に繁栄はないのですから。

それは日本のためだけではなく、世界のためになる。一時的な保護主義的な政策を各国がとらざるを得ない局面もあるけれど、目標をどのように据えて、資本主義の難局に当たるかをG7や20カ国・地域（G20）の場で、リーダーシップを発揮していくべきじゃないかなと思います。

春名　日本的なものは決して劣っていることはない。アメリカに対しても自信を持って対応すべきだと思いますね。

トランプの当選は日本でも大きな話題に。「変わり羽子板」も登場（共同）

変わる世界の力学

――それにしても、トランプの勝利以来、世界の力学が変わってきている。

会田　トランプになったら日ロがやりやすくなるなんて、全然そんなことない。逆にトランプとプーチンが取引したら、もう日本は関係ない。アメリカは日本を応援する必要もない。米ロ関係が良くなることが日本にとってプラスかどうか、安倍さん的な戦略だと間違える可能性がある。

日本がロシアに強いポジションを取れるのは、常にアメリカを後ろ盾にしていたためです。冷戦期に米ソが対立していたから、４島返還を言えたわけで、２島だって今は大変なの

に、そこで米ロが仲良くなってしまったら、そんなところでつまらない交渉するな、いい加減にしろとアメリカから圧力をかけられる可能性もある。楽観しない方がいいと思います。

春名　そうですよね。北方領土はアメリカに影響されていますよね。まず、冷戦時代の最初のころアメリカは返してほしくなかった。レーガンが初めてゴルバチョフに「返してやれ」と言った。それも冷戦終結直前です。最近はあまり言っていないと思います。対ロ関係はそれどころではない。

——トランプ政権ができるとなると、独自防衛力の議論も盛んになります。

春名　確かに自分の国は自分で守るという考え方はないといけない。しかし過剰な軍事力を持つ必要はない。

会田　日米欧という自由主義を支えてきた国々の連携はいつでも重要だから、その間で負担分担をしていく。これまであまりにも過剰にアメリカに負担があったのは間違いないし、日本は冷戦後ずっと、国内的に大変な議論を重ねながらも相当役割を拡大してきた。できる限りのことは一生懸命してきた。国民の議論がきちんと熟せば納得できる範囲内での防衛力増強も必要だろうし、アメリカの肩代わりも必要になってくるだろう。広範な、健全な議論をしながら進めないといけないことだろうと思います。

ヨーロッパもそれは避けられない。ただ、圧倒的なアメリカの軍事力こそが自由貿易や自由民主主義の下支えであることだけは、間違いない。

――さて波乱のトランプ政権です。この大統領は4年間持ちますか。

春名　持たないかもしれませんね。彼の健康診断書がわずか1ページですよ。健康上何か問題があるかもしれません。

会田　予想すればいろいろあります。あんまり長くは持たないかもね。

第2章 トランプ政権 どうなる政策

通商

◎保護主義傾斜、日本に逆風　輸出産業は打撃も

「米国には日本製の車が何百万台もある。日本にやられっぱなしだ」――。トランプ次期大統領は自由貿易が米国の雇用を奪い、産業を衰退させたと選挙戦で鋭く批判した。低所得の労働者層を中心に不満票をさらい、勝利したことから、保護主義への傾斜を翻す兆しは見えず、輸出産業が打撃を受ける恐れがある。日本には逆風だ。

トランプは、安倍政権が成長戦略の柱に掲げる環太平洋連携協定（ＴＰＰ）を「米製造業の致命傷になる危険な協定」と敵視。２０１７年1月の就任初日には、ＴＰＰを脱退すると表明した。

かつて自動車や鉄鋼の町として栄え、現在は多くの職が失われた「ラストベルト」（さびついた工業地帯）と呼ばれるオハイオなどの接戦州では、こうした主張がトランプ支持を広げた。

安倍晋三首相はＴＰＰが「決して終わっていない」と述べ、トランプの翻意に期待する。しかし

通商に関する主な発言

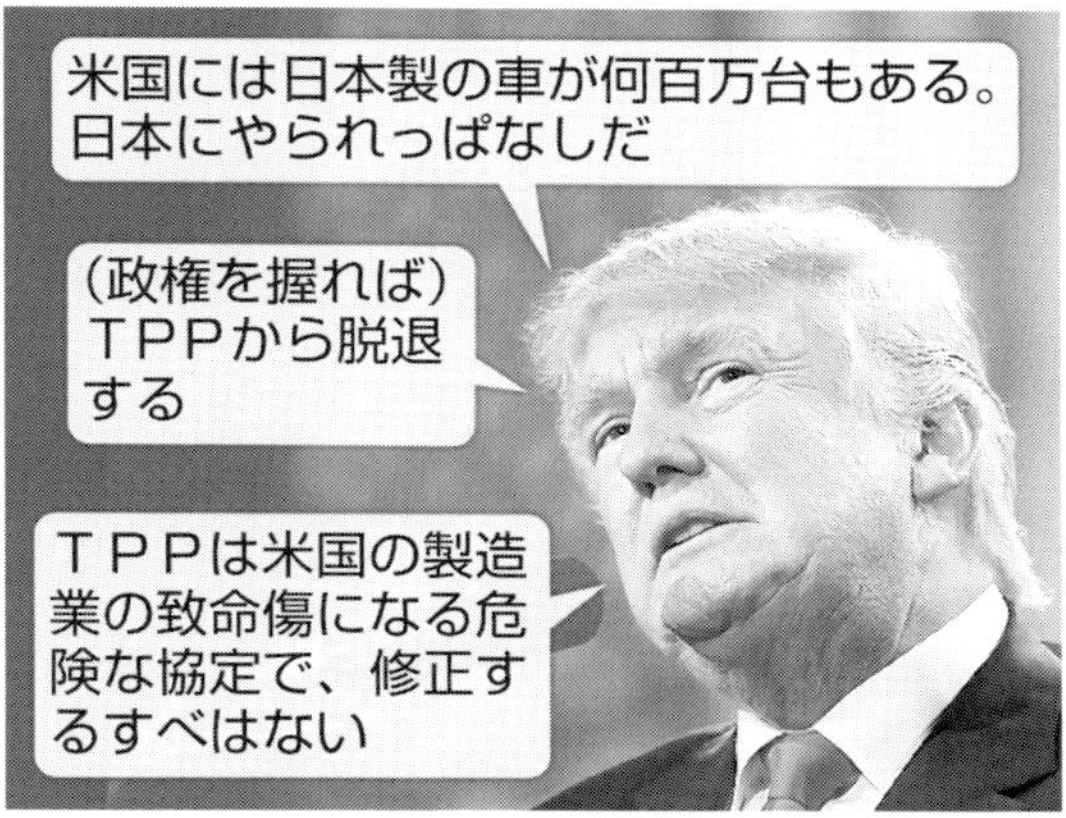
米国には日本製の車が何百万台もある。日本にやられっぱなしだ
（政権を握れば）ＴＰＰから脱退する
ＴＰＰは米国の製造業の致命傷になる危険な協定で、修正するすべはない

※写真はゲッティ

日本の通商筋は「北米自由貿易協定（ＮＡＦＴＡ）と比べてＴＰＰは発効しておらず、トランプが『脱退』の選挙公約を実行することによる政治的なリスクは小さい」とため息をつく。

メキシコを米国などへの輸出向けの生産拠点とする日産自動車やホンダなどの自動車メーカーは、ＮＡＦＴＡの再交渉の行方に神経をとがらせる。メキシコからの輸入品に高関税を課すとするトランプに、自動車関係者は「保護主義的な動きを強めると、事業に影響が出る」と身構える。

農業関係者も「どんな影響があるか一概には言えない」（全国農業協同組合中央会の奥野長衛《おくのちょうえ》会長）と注視している。ＴＰＰが頓挫すると、２国間交渉に移り、輸入米の関税

世界経済を巡る今後のシナリオ

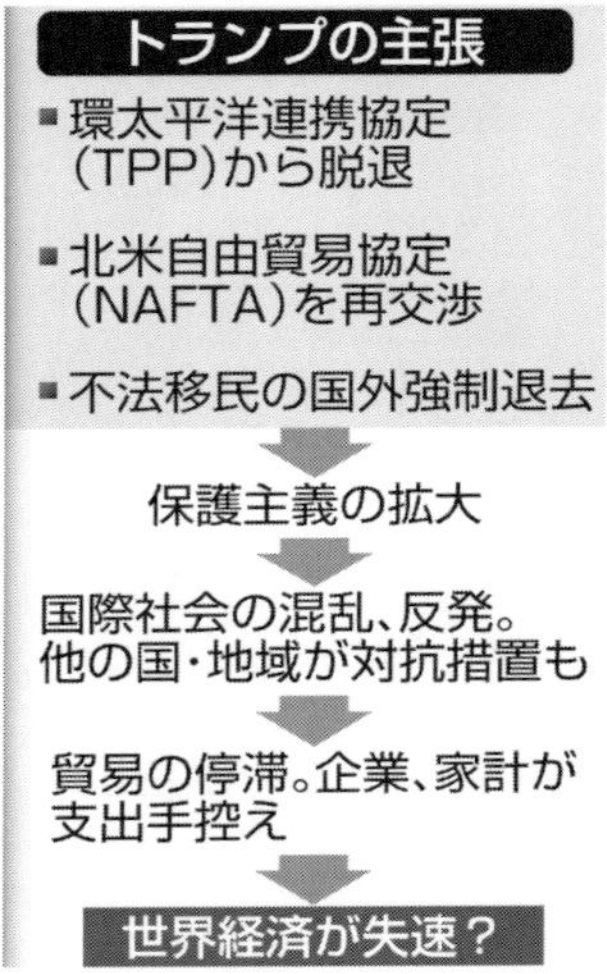
トランプの主張
■環太平洋連携協定（TPP）から脱退
■北米自由貿易協定（NAFTA）を再交渉
■不法移民の国外強制退去
保護主義の拡大
国際社会の混乱、反発。他の国・地域が対抗措置も
貿易の停滞。企業、家計が支出手控え
世界経済が失速？

撤廃といった厳しい要求を突き付けられる可能性もあるためだ。

　米国抜きのＴＰＰ発効をメキシコの閣僚らが主張する動きも出始めた。ただ外交筋は「ベトナムやマレーシアは、米市場開放の利点を念頭に血のにじむ規制改革をしている」と指摘。両国の理解を得るのは難しそうだ。

金　融

◎「通貨操作」と日本を非難　ドル安志向、身構える市場

「日本が円安誘導をしているため、キャタピラーはコマツに勝つことができない」。トランプ次期米大統領は繰り返し日米の大手建設機械メーカー2社の例を挙げ、日本の通貨操作によって米国の産業が脅かされていると非難してきた。

日本の政府や市場関係者はトランプがドル安を志向しているとみて、大統領に当選すれば円高は避けられないと身構えた。だが選挙直後に急速に進んだのは円安ドル高だった。

世界の投資家が注目しているのはトランプの財政、金融政策に対する考えだ。相続税の廃止といった減税と公共事業の拡大が景気を刺激するとの思惑がドル買いを呼んでいる。

「イエレン議長は恥を知るべきだ」。超低金利政策を長く続け、オバマ政権を手助けしてきたとして、

米連邦準備制度理事会（FRB）のジャネット・イエレン議長（UPI＝共同）

米国の中央銀行に当たる米連邦準備制度理事会（FRB）も批判の的となった。高い金利は世界の投資マネーをさらに引き寄せかねない。

だが発言からは、金融政策に対する見解が定まっていないことが読み取れる。選挙戦では「超低金利のせいで預金者はほとんど利息をもらえない」と述べたこともあれば、景気に悪影響を及ぼすとして利上げに反対したこともある。

株式市場はこれまでのところ、株価上昇に都合の良い発言に着目して想定外の「トランプ相場」に沸いている。株高をけん引した要因の一つが銀行などの金融株だ。

トランプ陣営は、銀行の活動を抑制しているとして「金融規制改革法を解体し、経済成

長と雇用創出を促す政策で置き換える」と訴える。金融危機の再発を防ぐためオバマ政権が進めた規制強化の流れが変わると市場は受け止めた。

選挙後初めての議会証言に臨んだイエレンは、金融規制の緩和に異論を唱えた。トランプと協調体制をつくれるかどうか懸念は尽きない。

野村証券の美《み》和《わ》卓《たかし》チーフエコノミストは「財政の悪化や保護主義的な政策が意識されるようになれば、円高ドル安への揺り戻しが起きる可能性がある」と指摘する。日銀幹部は「円安が続くという保証はない。具体的な政策が明らかになるまでは、確かなことは何一つ言えない」と警戒を解いていない。

地球環境

◎温暖化は「でっちあげ」　地球環境の未来に影

「地球温暖化はでっち上げだ」と唱えてきた、トランプ次期米大統領。「温暖化を否定する世界で唯一の政治指導者」（米環境保護団体のシエラクラブ）の誕生は、地球環境の未来に不安の影を落としている。

トランプは、190カ国以上が参加し米国も批准して2016年11月4日に発効した温暖化対策の新枠組み「パリ協定」を、「外国の役人に米国内で使うエネルギーについて口出しさせることになる」と批判。「パリ協定をキャンセルする」と発言して脱退の方針を表明した。任期中に、米国の温室効果ガス削減目標を達成するための施策を一切行わない可能性もある。

一方、国連などへの環境対策の資金拠出を拒む方針も示した。このままでは温暖化に弱い発展途上国を支援するための基金が枯渇して、国際交渉が進まなくなる恐れがある。

2016 年 11 月 18 日、モロッコ・マラケシュのパリ協定締約国会議の会場近くで「私たちは前進する」と決意表明する環境保護団体のメンバー（ロイター＝共同）

景気や雇用への対策を前面に打ち出して強い米国を目指すトランプ。オバマ政権が打ち出した火力発電所の二酸化炭素（CO_2）排出規制や、石油や天然ガスの採掘時に出るメタンの排出規制などの対策が「何百万もの雇用を破壊した」と非難する。「米国の競争力を復活させる」として規制の撤廃を主張し、米環境保護局（ＥＰＡ）については「金の無駄だ。廃止する」と明言。ＥＰＡ長官には温暖化対策消極派の人物を指名した。

安価だが大量のCO_2を出す石炭や石油といった化石燃料に回帰する姿勢が鮮明だ。オバマ政権が却下したカナダから米国への原油パイプライン「キーストーンＸＬ」の建設計画を認める方針だ。閉鎖や人員整理が相次ぐ石炭業界のてこ入れも狙い、「ウェストバージニア州やペンシルベニア州の鉱山労働者が炭鉱の仕事に戻れるようにする」と主張する。

ただ風力や太陽光などの再生可能エネルギーは米国内でも拡大し、低価格化が続く。専門家は、トランプの政策では「化石燃料の競争力を復活させることはできない」と指摘する。「温暖化を否定するのは知識が足りないだけ」「実際の政権運営では常識的な政策を取るのではないか」とみる専門家もいる。

環境保護より産業優先を標榜するスコット・プルイット（AP＝共同）

外　交

◎「米国第一」に揺れる世界　国際秩序に大変動の観測も

「米国第一」を掲げるトランプ次期大統領は、米国が伝統的に重視してきた同盟関係や自由貿易の見直しを示唆して内向き志向を強める一方、対立するロシアとの関係改善に意欲を表明。外交を「取引」とみなす一連の発言に、米主導の世界秩序に大変動が生じるとの観測が浮上している。

「彼は強力な指導者だ。協力できれば素晴らしい」。2016年6月の演説などで、トランプはロシアのプーチン大統領を手放しで称賛した。対ロシアで強硬姿勢を貫いてきた共和党候補としては異例だ。トランプ政権では、冷戦後最悪の状態にある米ロ関係の緊張緩和が進むとみられている。

米シンクタンク大西洋評議会のコーエン上級研究員は、トランプが「ロシアとの駆け引きに乗り出す」と分析。ウクライナ・クリミア半島の強行編入を受けた対ロ制裁を緩和し、シリアでの過激

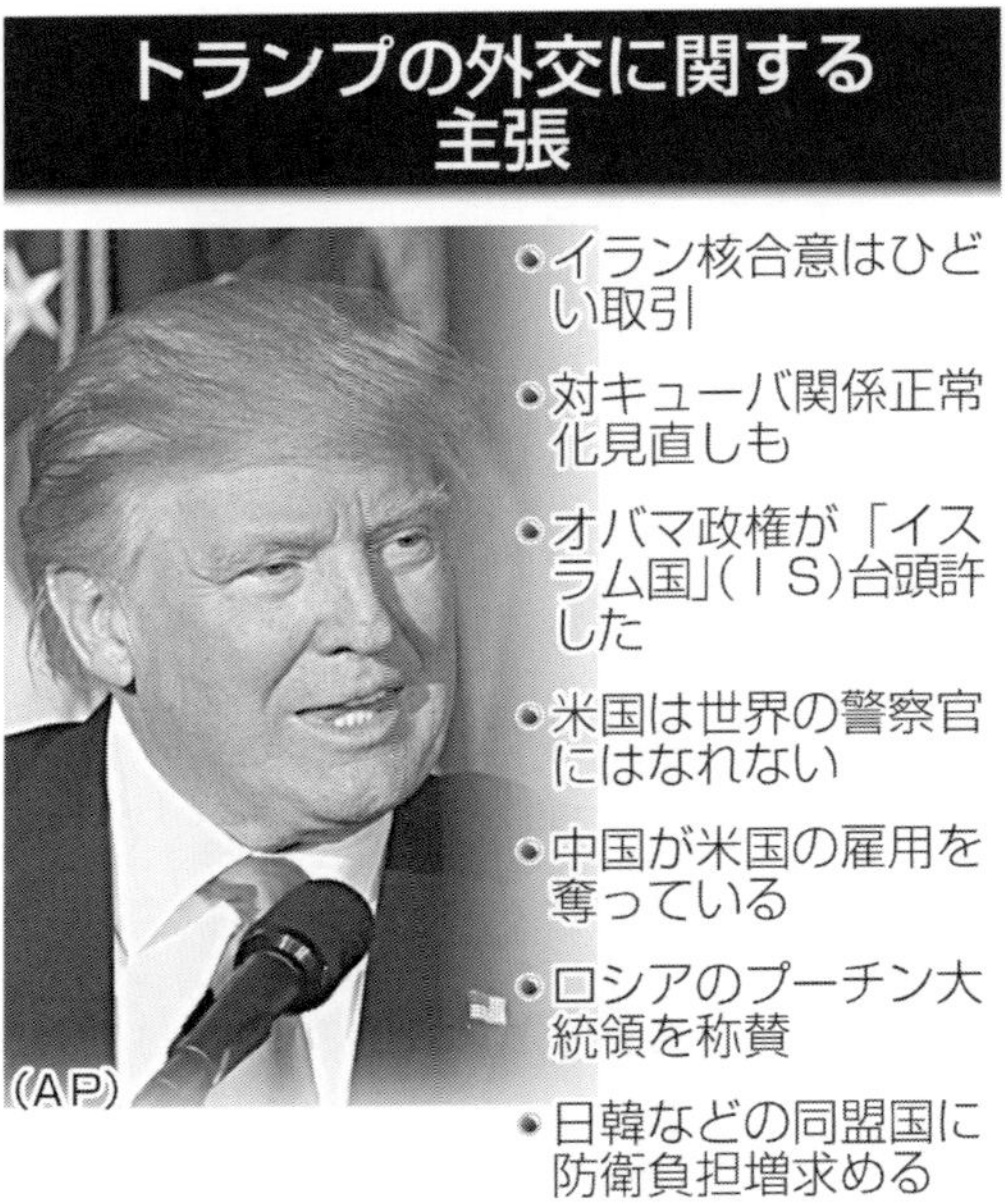
トランプの外交に関する主張
イラン核合意はひどい取引
対キューバ関係正常化見直しも
オバマ政権が「イスラム国」（ＩＳ）台頭許した
米国は世界の警察官にはなれない
中国が米国の雇用を奪っている
ロシアのプーチン大統領を称賛
日韓などの同盟国に防衛負担増求める
（AP）

派組織「イスラム国」（ＩＳ）掃討で連携するシナリオだ。

だが、トランプが同盟国への防衛関与の見直しに言及する中で急速な対ロ接近を進めれば、北大西洋条約機構（ＮＡＴＯ）加盟国との関係が不安定化するのは必至だ。

シリア情勢についてもトランプは、ロシアが後ろ盾となっているアサド政権の存続容認を示唆しており「反アサド」で連携するアラブ諸国との間に摩擦が生じる恐れがある。中東、欧州で米国からの離反ドミノが広がる可能性も否定できない。

対中関係でトランプは経済分野では比較的、強硬な路線を追求する一方で、中国が実効支配を強める南シナ海情勢への米国の関与を後退させる懸念が指摘されている。米外交筋は「オバマ政権が推進したアジア重視政策の転換は回避できない」とする。

ただ、具体的な外交政策は明らかではなく「トランプ・ドクトリン」の輪郭は定まらないままだ。米政治学者のイアン・ブレマーは「世界の警察官」の役割や、自由や民主主義といった「普遍的価値の擁護者」であることを放棄した米国が影響力を失うと予測。米国を中心に自らの外交方針を定めてきた各国にとって、トランプ政権の誕生は「悪いニュースだ」と指摘する。

政治学者イアン・ブレマー

安全保障

◎同盟維持は「金」次第　米依存から変質へ

トランプ次期米大統領は選挙戦で、日本防衛義務を米国に課す日米安全保障条約を「不公平だ」とし、日本に財政負担増を要求してきた。同盟関係の維持は「金次第」と言わんばかりだ。米国の抑止力に依存してきた日本の防衛政策は、大きく変質を迫られる可能性がある。

「世界で日本ほど駐留米軍に財政支援している国はないのでは」。２０１６年3月、トランプはニューヨーク・タイムズ紙の記者に問われると「まだまだ少ない」と切り返した。さらに「米国はもはや他国を守れるほど豊かな国ではない」と在日米軍撤退までちらつかせた。

トランプは選挙戦を通じ、米国に財政的余裕がないことを理由に、北大西洋条約機構（ＮＡＴＯ）などの同盟国に対し、米軍が果たす防衛義務に見合う財政負担を求める考えを示している。

日本の核武装容認論もその延長線上にある。米国では核兵器の老朽化が進み、刷新には膨大な費

安全保障に関する主な発言

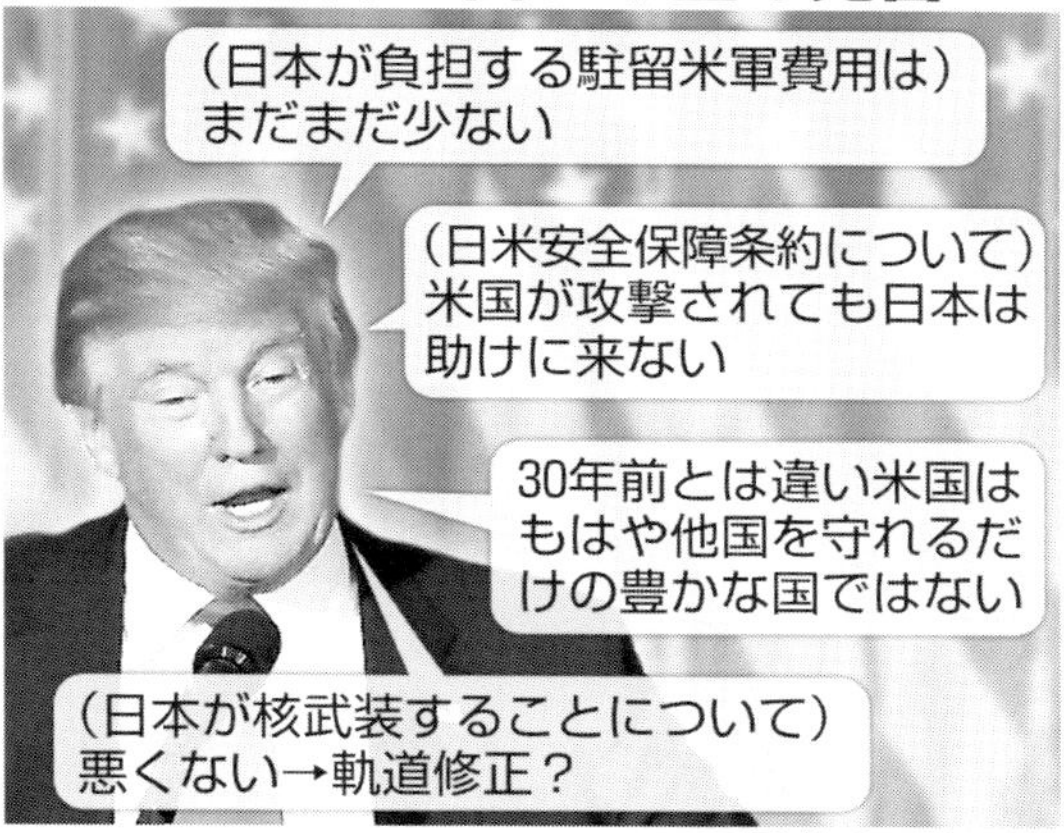
（日本が負担する駐留米軍費用は）まだまだ少ない
（日米安全保障条約について）米国が攻撃されても日本は助けに来ない
30年前とは違い米国はもはや他国を守れるだけの豊かな国ではない
（日本が核武装することについて）悪くない→軌道修正？

※写真はロイター

用がかかるため核戦力縮小も議論されている。

北朝鮮の核の脅威にさらされる日本が独自に核兵器を保有すれば米国の負担は減り「悪くない」との発想だ。トランプは日韓の核武装を容認するような発言を重ねた。最近になって「言っていない」と軌道修正する動きも見せているが真意はなお不明だ。

「損得勘定で動く商売人そのもの」。日本政府高官はトランプへの不信感を隠さない。トランプが目指す「米国第一主義」が孤立主義につながり、日本や世界の安保環境に悪影響を与える可能性を懸念する。

米カーネギー国際平和財団のジェームズ・ショフ上級研究員は「米国はアジアでのリーダーとしての役割を低下させ、日本に役割拡大を求めてくるだろう」と分析した。

制服組の現場では、2015年改定した日米防衛協力指針（ガイドライン）に基づき、北朝鮮や中国をにらんだ日米一体化の運用が既に加速している。トランプ政権になれば、さらに対等な関係を迫られる可能性がある。

ショフは「日本は米国を当てにするよりも、自前の防衛力構想に重点を移す必要がある」と指摘。オーストラリアや韓国などと連携を深め、トランプ外交に備えるべきだと強調した。

米中関係

◎短期で利益、長期でリスク　ＴＰＰ頓挫、アジア重視も不透明に

「中国製品に45％の関税をかける」「中国を為替操作国に認定する」――。トランプ次期大統領は選挙期間中に過激な中国批判を展開した。しかし、米国の歴代大統領は選挙中には厳しい対中批判を繰り返し、大統領に就任後は一転して融和的な対中政策をとる例が多い。１９８９年の天安門事件の後、中国の指導者を「北京の虐殺者」とののしったクリントン元大統領も就任後には対中融和路線に転じた。

トランプについても過激な対中批判を取り下げ、現実路線にかじを切るのではないかとの見方は強い。２０１６年11月14日に習近平国家主席と電話会談したトランプは「中国は偉大で重要な国だ」と称賛、習主席も「協力こそが中米両国にとって唯一の正しい選択だ」と応じた。

短期的にみれば、中国にとってトランプの当選は大きな利益をもたらした。オバマ政権はアジア重視戦略「リバランス」を掲げ、中国抜きの環太平洋連携協定（TPP）を強力に推進した。リバランスとTPPという二つの政策は、中国の目から見ると政治、経済両面で中国を「封じ込める」車の両輪に映った。しかし、トランプ勝利でTPPの発効は絶望的となり、リバランスの行方も不透明だ。トランプ陣営からは、中国が主導する「アジアインフラ投資銀行」（AIIB）加盟についても前向きな声が出ているほどだ。

習近平国家主席（新華社＝共同）

トランプの孤立主義的な姿勢は地域外交の面でも中国に有利だ。防衛面で日本、韓国などに大きな負担を求めるトランプの政策は、中国指導部がもくろむ米国と日本の分断、米国と韓国の分断戦略に益する。

TPPの頓挫は、中国が進めるアジア太平洋地域の経済的主導権の確立にも資する。中国の人権問題をうるさく提起しない点も中国にとってはやりやすい。

しかし、トランプが選挙期間中に訴えてきた対中強硬策を一部でも実施した場合、両国関係に与える影響は大きい。大統領選勝利後には、米中間でタブーだった台湾総統蔡英文との電話会談を行い、「一つの中国」原則に縛られない考えを示して、中国の神経を逆なでした。南シナ海での中国の軍事活動もけん制している。人民日報系の環球時報は社説で、経済的な対中強硬策に踏み切れば、中国は米国に「報復する」と強調、航空機、スマートフォン、大豆などの輸入規制を示唆した。

トランプは、冷戦期以来となる「350隻態勢の海軍建設」を打ち出しており、実現すれば中国には大きな圧力となる。

また長期的には、孤立主義の米国が中国の利益になるかどうかは微妙だ。1980年代以来の「改革開放」は中国の発展に大きく寄与したが、前提は米国をはじめとする世界が「開かれている」ことだった。内向きな米国は発展の前提を変えてしまい、中国にとっての戦略的リスクを否定できない。

米ロ関係

◎消えるロシア悪玉論　共和党主流派と意識のズレも

ロシアのプーチン大統領は当選後のトランプと電話会談し、関係改善で合意、直接会談に向けて準備を進めることで一致した。またロシア外務省は選挙期間中からトランプ陣営と連絡を取り合い、トランプはプーチンを「強い指導者」と礼賛している。

米ロ関係悪化の主因であるロシアによるウクライナ南部クリミア半島の編入についても、トランプは米メディアに「クリミアの人々はロシアとともにあることを望んでいると聞いた」と発言、容認するような姿勢だ。クリミア編入で、欧米や日本から制裁を受けるロシアは、トランプ政権が「ロシア悪玉論」を修正し柔軟な政策を打ち出してくるのではないかと期待している。

ロシア大統領府はプーチン・トランプ電話会談について、米ロ関係は現在「極めて不満足な状態」にあるとの認識で一致したと発表した。さらにトランプ政権が発足する２０１７年が米ロ国交樹立

プーチン大統領（タス＝共同）

から210周年に当たると指摘し、「貿易経済関係」によって関係の基礎を強化すると説明した。これはトランプが政権発足の早い段階で、ロシアに対する経済制裁の緩和あるいは解除に向けて動き出す可能性に、強い期待感をにじませたものだ。

プーチン政権は、2014年にウクライナでロシア寄りのヤヌコビッチ政権が、野党勢力の街頭抗議で倒れた政変について、米国が「地政学的野心」で介入したと受け止めている。伝統的な権益圏を米国が侵したとの認識だ。

この結果、米ロ関係は冷戦終了以来、最悪の水準に落ち込んだ。「極めて不満足な状態」の根底には、冷戦期同様に覇権を拡大しようとする米国の姿勢があるというのが、ロシア側の考え方だ。対外介入に否定的なトランプの「米国第一主義」に、プーチン政権は関係改善の糸口と、孤立脱却の道筋を見いだそうとしている。

プーチンは「ロシアは世界の覇権は求めない。だが地域の指導的大国だ」との見解を示している。米中のように、超大国の地位は望まないが、旧ソ連圏は伝統的な「縄張り」として死守する構えだ。その上で中国やインドとの協調を深め、国際舞台で主要なプレーヤーとしての権威と影響力を保つ思惑だ。

トランプにプーチンが期待するのは、このような「住み分け」の論理の共有である。ロシア側にはプーチンとトランプの「世界観が似ている」（ペスコフ大統領報道官）との希望的観測もある。だがトランプは実際の政権運営を、ロシアに厳しい姿勢を崩さない共和党主流派の議会との協力に依存せざるを得ない。米議会にはロシアによる大統領選への干渉疑惑に憤る声も強い。トランプの選挙中の言動が実際の政策に反映されるのかどうか。米ロ両国の冷徹な腹の探り合いが続く。

対北朝鮮政策

◎対話仕掛けるシナリオも　トランプの予測不能性に困惑

北朝鮮外交の最大のターゲットである米国のトランプ次期大統領は、これまでの歴代大統領とは勝手の違う相手になりそうだ。特に選挙運動期間中、朝鮮労働党の金正恩（キム・ジョンウン）委員長に対し、「対話することに何の問題もない」「訪米するなら受け入れる。公式夕食会はせず、会議用のテーブルでハンバーガーでも食べればいい」などの発言を繰り返してきたトランプの真意を測りかねている。

「わが国への敵対政策を転換するかどうかで判断する。民主党か共和党かは関係ない」。トランプ当選後、北朝鮮の政府当局者はこう指摘した。米国で政権が変わる度に繰り返す常套句だ。言い換えれば「朝鮮半島政策をどうするかがまとまるまで注視する」といったところだ。

金正恩第１書記（当時）の視察風景。手前の球形の物体は核爆弾の模型とみられる
（朝鮮中央通信＝共同）

朝鮮半島問題に通じた米国内の専門家集団との人脈があるかどうかも分からないトランプは、北朝鮮にとって過去の経験則が通用せず、絡みにくい相手かもしれない。

クリントン政権で北朝鮮とのミサイル交渉を担当したアインホーン元国務省調整官は大統領選の結果が出た直後の11月半ば、北朝鮮外務省の崔善姫（チェ・ソンヒ）米州局長と欧州で接触した。アインホーンによると、崔局長は「トランプ政権の北朝鮮政策がどうなるのかという質問ばかりしてきた」という。予測不可能な国とされる北朝鮮が、逆に今はトランプの予測不能性に困惑しているという皮肉な構図だ。

トランプ政権の安全保障政策ラインは、フリン国家安全保障問題担当補佐官に、マティス国防長官、ポンペオ中央情報局（ＣＩＡ）長官が決まり、対テロ強硬路線が鮮明になってきた。過激派組織「イスラム国」（ＩＳ）などに焦点を置いた人事だが、北朝鮮は「悪の枢軸」扱いされた２００１年からの第１期ブッシュ共和党政権時代の時に受けた圧迫感を想起するだろう。

金正日（キム・ジョンイル）総書記時代の北朝鮮は「強硬には超強硬で応える」という姿勢でブッシュ米政権に対応した。しかし、実は03年から始まった6カ国協議で、米朝協議を軸とする調整型協議を続けたのもこの時期だ。金委員長は父親以上の強硬ぶりを示しているが、２０１７年半ばまでとみられるトランプ政権の政策調整期に対話の駆け引きを仕掛ける可能性もある。

第１期オバマ政権が発足した09年の政策調整期に長距離弾道ミサイル発射と核実験を強行、オバマ大統領の対話意欲を一気にそいでしまい、最後まで北朝鮮を相手にしない「戦略的忍耐」に走らせてしまった。その教訓を北朝鮮がどう捉えているかも今後の展開を左右するだろう。

朝鮮中央通信が配信した「ムスダン」とみられる弾道ミサイル発射実験の様子

対中東政策

◎相互不信で混乱極まる　過激派による挑発行動も

トランプ大統領誕生にもっとも身構えているのが中東だ。中東和平交渉の行司役やペルシャ湾岸産油国の安全保障維持など米国の介入を当然とみなしてきた中東は、「勝手にどうぞ」とばかりの新政権の中東離れの姿勢に戸惑うことになりそうだ。ロシアや中国は米国の去った空白を埋めようとするが、これらの国は力量不足で中東安定化はできない。憎しみと不信が基調である中東は、さらなる混乱の道を転げ落ちる懸念が強い。

トランプはロシアと協力して過激派組織「イスラム国」（ＩＳ）に対する攻撃を徹底する、と宣言している。米ロの協調攻撃で、ＩＳは壊滅的な打撃を受けるはずだ。だが、負の側面も大きい。イスラム教スンニ派の過激勢力はポストＩＳ時代も反米思想をたぎらせ、新たなテロ組織の誕生、そして対米大規模テロに出る可能性も否定できない。

ＩＳを壊滅できれば、もっとも喜ぶのはシリアのアサド政権だ。かつて退陣必至とみられたアサド・シリア大統領はロシアの後ろ盾に加えて、トランプ政権が存続容認に転換することで、長期居座りが可能となる。

アサド大統領（UPI= 共同）

アサド大統領だけでなくトルコのエルドアン、エジプトのシシら中東の強権大統領たちは胸をなでおろしているだろう。歴代米政権が掲げた「民主化」や「人権擁護」をトランプは重視していない。むしろ強い指導者の下で中東は安定する、と考えているからだ。

イスラエルもトランプの内向き志向に気を良くしている。入植活動などパレスチナ人に対する強硬な政策にも目をつぶるとみられるからだ。米国が中東和平など骨の折れる交渉に乗り出すこともなさそうで、イスラエルは独善的な政策を進められる。

焦燥感を強めるのがイランだ。オバマ政権とまとめた、核開発を凍結する代わりに経済制裁を解除する合意を「歴史上最もひどい取引」とトランプは切り捨てており

アサド政権軍とロシア軍による空爆後、負傷者を抱える人々＝シリア北部アレッポ（ゲッティ＝共同）

り、イランが描く国際市場への完全復帰に暗雲がたれ込める。米国が合意破棄に踏み切れば、イランは対抗措置として核兵器開発に乗り出すとみられ、米、イスラエル合同軍によるイラン空爆や中東の核軍拡競争の恐れが現実味を帯びる。

石油大国サウジアラビアも不安を募らせる。選挙期間中にトランプはサウジアラビアを「安保ただ乗りの国」と批判しており、中東産油国防衛体制を縮小する意向だ。「世界の警察官ではない」と言うトランプの原則が最初にペルシャ湾に適用されそうで、イランとサウジのペルシャ湾覇権争いがエスカレートしそうだ。

トランプはイスラム教徒に厳しい姿勢を示し、当選後は米国民の間で「イスラム嫌い」の言動が表面化している。イスラム過激派にしてみれば、米国対イスラム世界の対決という構図を主張しやすく、過激派による挑発行動が予想される。

米欧関係

◎大西洋同盟、破綻の危機　極右ルペンに追い風

トランプ大統領の誕生で、米欧関係は単に関係の希薄化や悪化で済まない可能性がある。トランプが選挙戦で訴えた政策を実行に移した場合、北大西洋条約機構（ＮＡＴＯ）や、第二次世界大戦の惨禍を教訓に創設された欧州連合（ＥＵ）など戦後システムの総体が破綻に直面する危機に見舞われるだろう。

１９４９年に誕生したＮＡＴＯは冷戦後、ソ連の支配下にあった東欧諸国をメンバーに加え、欧州周辺地域の安全保障を担う軍事同盟に生まれ変わった。しかし軍事的にも政治的にも中核は米国であり、米国抜きでＮＡＴＯは維持できない。

トランプが示唆するように、米国がＮＡＴＯに背を向ければ、ロシアの脅威を間近に感じるポー

フランスの極右政党、国民戦線のルペン党首（ロイター＝共同）

ランドなど東欧諸国はパニックに陥るだろう。

米国がNATO分担金を削減するだけで影響は深刻だ。NATO予算の7割以上は米国が担っており、拠出分を2～3割削るだけで他の加盟国は苦しむ。欧州側の中核国の英仏だけでは減少分を穴埋めできず、他の加盟国にも負担増を求めることになるが、交渉の難航は必至だ。軍事同盟の結束に深刻な亀裂が生じそうだ。

経済面では、米国とEUの自由貿易協定（FTA）である環大西洋貿易投資協定（TTIP）交渉が、自由貿易に反対するトランプ政権の間は中断に追い込まれる。

トランプ政権の誕生は、欧州で伸張するナショナリスト政党に歓迎された。2017年3月にはオランダで総選挙が予定されており、極右の自由党が政権をうかがう勢い。秋のドイツ総選挙でも、難民の受け入れに反対する新興右派政党「ドイツのための選択肢」が躍進する可能性があるが、最も注目されるのは5月のフランス大統

ロンドン中心部で開かれた極右団体の集会（ロイター＝共同）

領選だ。

フランスの極右、国民戦線（ＦＮ）のマリーヌ・ルペン党首は、もともと決選投票への進出が有力視されていたが、トランプ当選でさらなる追い風が吹いた。フランス政界は「何が起きても不思議ではない」という雰囲気になっている。

ＦＮは反ＥＵを掲げる政党であり、ルペンは大統領になった場合、フランスのＥＵ離脱を国民投票にかけると公言している。英国の二の舞いになる可能性は十分ある。ドイツと並ぶＥＵの両輪であるフランスが抜ければ、ＥＵは崩壊の危機に直面し、戦後の欧州統合プロセスにも終止符が打たれる。

ポピュリズムの旋風は英国でＥＵ離脱を決め、米国でトランプ大統領を誕生させた。フランスでルペン政権が生まれれば、決定的な危機が訪れる。

移民問題

◎「美しい壁」見えぬ輪郭　移民社会に恐怖感

「高く、力強く、美しい壁を築こう」。トランプ次期大統領は選挙戦中、不法移民の流入を防ぐためメキシコ国境に壁を築くと訴えた。不法滞在者を強制送還する方針も表明、移民社会に恐怖感が広がっている。しかしどんな「壁」をいつごろ築くのか、輪郭は定まっていない。

開票が進んだ2016年11月8日夜から9日未明。トランプの優勢が伝えられると、隣国カナダの移民局のウェブサイトがダウンした。米国からの逃避を考える不法移民らのアクセスが殺到したとみられる。

大統領に就任すれば直ちに「200~300万人の犯罪歴のある不法移民の強制送還を始める」と公約したトランプ。「国外退去となった後、米国に再び不法入国したら最低2年間の実刑を科す」など不法入国者への罰則を強化する法改正を行い、強制送還を担当する職員を3倍に拡充する方針

移民政策に関する主な発言

メキシコ国境に
壁を築く。
費用はメキシコに
全額負担させる
200万人以上の
不法移民を
強制送還する
不法入国者への罰則を強化。国外退去後
に再び不法入国したら実刑を科す

※写真はUPI

だ。

米国の不法移民はヒスパニック（中南米系）を中心に1100万人以上。大規模な強制送還に踏み切れば混乱は避けられない。選挙後に全米に広がったトランプへの抗議デモには、多くのヒスパニックが参加した。

壁の建設は不法移民対策の象徴だ。陸続きのメキシコからは職を求める密入国者が後を絶たない。違法薬物も流入し、治安悪化を招いている。

米メキシコ国境の総距離は約3200キロ。現在はフェンスが設けられているが、壁建設には巨額の資金が必要になる。トランプは「メキシコに全額を負担させる」と息巻いたが、メキシコは猛反発している。

トランプは大統領選勝利後のインタビュー

トランプの主な不法移民対策

- メキシコとの国境に巨大な壁を造る
- 強制送還を担当する要員を３倍に増やす
- 国境警備要員を新たに5000人雇用
- シリアやリビアからの移民へのビザ発行を保留
- 生体認証による出入国管理を徹底

で、犯罪歴のある不法移民の強制送還と壁建設を実行に移す方針を確認した。ただ、一部地域では壁でなくフェンスを採用する軟化姿勢も見せた。

壁の建設は「視界が悪くなり、警備上好ましくない」と国境警備当局者にも不評だ。共和党議員らは、こうした声を政権移行チームに伝え「壁ではなく、フェンスを二重にするなどの対策に切り替えればコストも抑えられる」と提案する。

トランプの顧問役であるジュリアーニ元ニューヨーク市長は「まずは税制改革が先決だ。壁建設は時間がかかるかもしれない」と述べ、トランプの公約の中で優先順位が下がりつつあることをうかがわせた。

日米関係

◎同盟希薄化でいばらの道　大国間取引で埋没も

トランプ大統領の誕生に、世界でもっとも驚き、焦っているのは日本ではないか。日本の対外政策はあまりにも日米同盟頼みであり、中国脅威論が高まり、北朝鮮が暴走し、韓国との関係もぎくしゃくする今世紀は、ますます日米同盟へ傾斜してきた。日本の「安保ただ乗り」を非難し、「米国第一主義」を掲げるトランプ大統領の登場で、日米同盟が希薄になることを覚悟すべきだ。日本は新しい外交・安全保障政策を模索せざるを得ない。

安倍・トランプ会談　2016年11月17日、米ニューヨークのトランプタワー（内閣広報室提供、ロイター＝共同）

安倍首相とトランプ次期米大統領の主な主張

安倍首相	論点	トランプ次期大統領
米国や他の署名国に国内手続きの早期完了を働き掛ける。保護主義の流れを食い止め、自由貿易を維持していく	環太平洋連携協定（TPP）	米国の製造業が壊滅する。自由や独立を制限する貿易協定は拒否する。個々の国と個別に取り決めを結ぶ
日米とも駐留米軍が果たす役割によって利益を得ている。駐留経費も適切な分担が図られるべきだ	在日米軍	日本が駐留経費の増額に応じないなら、喜んでというわけではないが、（米軍撤退の可能性に対する）答えはイエスだ
非核三原則はわが国の国是であり、今後とも堅持していく。核兵器を保有することはあり得ない	核保有	米国が国力衰退の道を進めば、私が言い出さなくても日本は核を持ちたがる

安倍晋三首相は早々とトランプと会談し、「信頼できる指導者」とたたえたが、直後にトランプは環太平洋連携協定（ＴＰＰ）からの離脱方針を発表し、日本の意向などどこ吹く風だ。トランプはＴＰＰに代わって日米２国間自由貿易協定（ＦＴＡ）の交渉を押し付けるだろうし、在外米軍基地の見直しにも着手するとみておくべきだ。日本にとっていばらの道だ。

肝に銘じたいのは、「米国は世界の警察官ではない」というトランプの宣言は、既にオバマ米大統領が２０１３年９月に発言しており、党を問わずに米国の基調になっている点だ。孤立主義が根強い米国の世界への関与は、第二次世界大戦や冷戦、テロとの戦いといった有事に限られている。トランプの孤立主義的傾向は、オバマ政権が始めたアジア重視政策をも変質させていくとみられる。トランプがロシアや中国を相手に取引に出る意向を示唆しているのも気になる。同盟国の利益よりも大国間取引を好み、米中和解、米ソ緊張緩和を実現したキッシンジャーを、トランプは外交の師と仰ぐ。新政権がキッシンジャー張りの大国取引に出れば、日本は埋没する。米中の取引外交の中では尖閣諸島への日米安全保障条約の適用も断言しないのではないか。

日本は自由、民主主義という価値観を米国と共有し、歴代大統領は日米同盟の意義に価値観の共有を挙げた。しかし、トランプは「自由、民主主義」といった価値観外交に関心がない。むしろプーチン・ロシア大統領やエルドアン・トルコ大統領ら独裁的な指導者を評価する「力」の信奉者だ。そうなると、「価値観同盟」をうたう日本の意義はますます小さくなる。

トランプの勝利以来、日本では独自防衛力の強化が盛んに語られている。しかし、米中ロの核大国ゲームの中で、日本が軍事的にできることは限られる。米新政権に粘り強くアジア重視政策を続けるよう説くことは重要だが、同時に日本にとって常に重要な中国との関係を深めるという課題も浮上させる。トランプ大統領の登場と対米同盟の希薄化は、日本が対中関係に本腰を入れる機会となるかもしれない。

トランプ政権の日米の課題

米軍駐留経費	トランプが同盟相手国の負担増を主張
南・東シナ海	トランプは明確なビジョン示さず。日本は沖縄県・尖閣諸島への日米安保条約適用の確認求める
北朝鮮	トランプが核開発停止に向け金正恩朝鮮労働党委員長との対話に言及
環太平洋連携協定（TPP）	トランプは脱退。日本は早期発効の立場

米大統領選
過去の結果と今回の対決
勝敗ライン
民主党
共和党
投票選挙人数
トルーマン政権
33代
任期1945年4月～53年1月
F・ルーズベルト大統領の急死で副大統領から昇格。広島、長崎への原爆投下を決断し終戦
ケネディ政権
35代
61年1月～63年11月
アポロ計画を策定。キューバ危機で核戦争危機に直面。63年11月暗殺
ジョンソン政権
36代
63年11月～69年1月
公民権法制定に尽力。ベトナム戦争で北爆を開始
カーター政権
39代
77年1月～81年1月
イラン米大使館人質事件の中、再選果たせず
クリントン政権
42代
93年1月～2001年1月
不倫もみ消し疑惑で弾劾されたが、99年2月に無罪評決。史上最長の景気拡大を達成
オバマ政権
44代
09年1月～17年1月
米国初の黒人大統領。「核兵器なき世界」を訴えノーベル平和賞受賞。イラン核合意やキューバとの歴史的国交回復を実現
敗北
アイゼンハワー政権
34代
53年1月～61年1月
核武装で対ソ連反撃態勢をとる「ニュールック戦略」。日米安全保障条約を改定したが、訪日中止
ニクソン政権
37代
69年1月～74年8月
ベトナム撤退を実現。対中国交正常化決定。ウォーターゲート事件で74年8月に辞任
フォード政権
38代
74年8月～77年1月
ニクソン辞任で昇格。訪日した最初の現職米大統領
レーガン政権
40代
81年1月～89年1月
「レーガノミクス」で財政赤字を残したが国民の人気は高かった
ブッシュ政権
41代
89年1月～93年1月
ソ連崩壊により冷戦を終結。91年1～2月に湾岸戦争。経済政策への不満で再選ならず
ブッシュ政権
43代
2001年1月～09年1月
01年の中枢同時テロ後、アフガニスタン攻撃。03年のイラク戦争や08年の金融危機で支持率は史上最低レベル
勝利
2017年1月～
1948年 トルーマン 303人 189 デューイ
1952 スティーブンソン 89 442 アイゼンハワー
1956 スティーブンソン 73 457 アイゼンハワー
1960 ケネディ 303 219 ニクソン
1964 ジョンソン 486 52 ゴールドウォーター
1968 ハンフリー 191 301 ニクソン
1972 マクガバン 17 520 ニクソン
1976 カーター 297 240 フォード
1980 カーター 49 489 レーガン
1984 モンデール 13 525 レーガン
1988 デュカキス 111 426 ブッシュ(父)
1992 クリントン(夫) 370 168 ブッシュ(父)
1996 クリントン(夫) 379 159 ドール
2000 ゴア 266 271 ブッシュ(子)
2004 ケリー 251 286 ブッシュ(子)
2008 オバマ 365 173 マケイン
2012 オバマ 332 206 ロムニー
2016 ヒラリー・クリントン(妻) 232 306 ドナルド・トランプ
※写真はAP、ロイター、UPI。敬称略。選挙人合計が現在の538人になったのは1964年から。グラフの空白部分は別候補への投票など。米国立公文書館の資料などを基に作製

第3章　評伝や演説で読み解くトランプの実像

素顔のトランプ

米国の次期大統領に就くトランプ。不動産王やテレビタレントとしては有名だが、その思想や戦略は十分知られていない。超大国を率いる男の実像に迫った。

成功ねたむ者は「敗者」　政治にビジネス感覚

高級車キャデラックに乗った男を一目見ようと、市民が群がった。1990年9月、ニューヨークに近いニュージャージー州アトランティックシティーのカジノ。歓声が上がり、多くのビデオカメラがドナルド・トランプに向けられた。

90年4月に開業したカジノ「トランプ・タージマハル」の切り盛りに苦しんでいたトランプ。債権者代表だった投資家ウィルバー・ロスは、一緒にカジノを訪れた際の光景を忘れられない。

カジノ「タージ・マハル」のオープニングで、来賓に応えるトランプ（アフロ）

「市民や客は驚くほどの親しみを見せた。ドレス姿の女性が、トランプにせがんで背中にサインをしてもらっていた」

債権者が経営陣からの追放を求めていたトランプ。

が、大衆をとりこにする姿を目の当たりにしたロスは確信した。「彼がいないタージマハルは価値がない」。自分の人気こそが客を呼ぶのだと示すことにトランプが成功した瞬間だった。

当初はウマが合わなかったが、次第にトランプを評価するようになったとロスは振り返る。「会議に遅刻することはなく、常に予習は万端。下品な言葉を使うこともなかった」

ロスが注目するのが、ニューヨーク・セントラルパークのスケート場「ウォルマンリンク」の改修工事だ。市当局が2年半の予定で80年に始めた工事は迷走。6年続いても完成時期は見えず、市の機能不全の象徴とされていた。

だがトランプが工事を引き継ぎ、4カ月で終わらせた。この経験が「政治家や役人は無能」との主張や、政治にはビジネス感覚が重要との持論につながったようだ。

「彼は金もうけではなく、公益のために引き受けた」とロスは指摘する。一方、米メディアの間には「自己宣伝が目的だった」との見方が根強い。大統領選出馬も同じ理由だったと考える人も多い。

「トランプは詐欺師だ」。前回2012年大統領選の共和党候補、ミット・ロムニーは不信の目を向ける有権者の思いを代弁する。「いじめっ子で強欲、見えっ張りで、はったりをかます」

しかしトランプは、ロムニーのことを「負け犬」と一蹴。民主党候補のクリントンからの批判も意に介さなかった。

「成功した人間には、ねたみがつきまとうのだ。他人の成功を邪魔することで達成感を得る連中がいる。私は彼らを人生の敗者と呼ぶ」

87年にベストセラーとなった自伝で見せた強気の末に、30年後、ホワイトハウスを射止めた。

「何でも一番」求める　やんちゃ坊主、そのまま

「何でも一番にならないと気が済まない」「下級生をいじめる」「きれいな女性を引き連れて自慢するのが好き」。トランプが青春期を過ごしたニューヨーク士官学校の同級生らの証言だ。

共和党候補指名争いでライバルを「覇気がない」とあざ笑い、イスラム教徒入国禁止や女性蔑視の発言を批判されても全く気にしない。派手な女性関係に3回の結婚。今や「世界で最も権力を持つ」といわれる米大統領の座を手に入れた。「やんちゃ坊主がそのまま大人になった印象」（ニューヨークの女性会社員）だ。

「いたずらをした時の人の反応を見るのが愉快だった」（自著）

ニューヨーク士官学校は、しつけに手を焼く親が息子たちを預ける場所として知られていた。「人から指示されるのがとにかく嫌い」。13歳の新入生トランプを迎えた指導教官はワシントン・ポスト紙に振り返った。

父フレッド（左）と同様に不動産で身を立てる。4回の破産を経験するなど、事業は決して順風満帆ではなかったが…（アフロ）

運動神経に恵まれ、校内野球で「偉大なファースト（一塁手）」のニックネームも付いた。だが、自意識過剰の面も。「自分を認めて」というオーラが体中からあふれていた。

上級生になると班長に任命された。トランプは士官学校時代に「組織を率いるすべを学んだ」という。誰とも分け隔てなく接し、優しい語り口で下級生に話しかけ「その靴は良いな」と褒めてくれたとの証言もあれば、その正反対だったと話す人も。

しかし、就任1カ月後に班長を解任され、学校運営スタッフだった別の生徒とポストを入れ替わった。トランプからいじめを受けたと学校側に申告があったとされ、周囲は更迭と受け止めた。だが、トランプはいじめを申告した下級生の話を「空想だ」とののしり、「いじめ」の話を記事化したポスト紙に「本当は昇進だった」としつこくかみついた。

何事も前向きにとらえる思考は、ビジネスで成功する原動力にもなったようだ。不動産事業の破産は4回を数えるが、不死鳥のごとくよみがえった。

ビジネスの世界で見せた手腕はホワイトハウスで通用するのか。ニューヨーク・タイムズ紙は「それこそ関心の的だ」と指摘した。

米政界の常識覆す「私を信じろ」

暴言にも悪びれず、政治の現状に憤る大衆の心をわしづかみにした異端児トランプ。職業政治家を「無能」と一刀両断し、政治経験のなさを売りに、米政界の常識を覆して大統領に当選した。

「しみったれた政治から抜け出さなければならない」。共和党の候補指名を受諾した2016年7

月21日夜の演説。犯罪が増加し、貧困が深まる米国は「危機の真っただ中にある」と述べ、自分が「米国を再び偉大にする」と豪語した。

この時の演説は約1時間15分。共和、民主両党の歴代大統領候補の指名受諾演説で1972年以降最も長かった。全米から集まった代議員やテレビの前の視聴者に向け、トランプは自信たっぷりに「私を信じろ」と繰り返した。

犯罪者ばかりのメキシコ移民やテロを起こすイスラム教徒を米国から締め出す――。こんな奇抜な主張に留飲を下げる有権者は多い。「偏見や差別を気にした差し障りのない発言はいらない。本音を語るのが最大の魅力だ」。支持者の白人男性は話す。

毒舌がさえるほど「トランプ劇場」は盛り上がった。ブッシュ元フロリダ州知事ら共和党のライバルや、民主党候補クリントンら政界のサラブレッドは毒気にあてられたように敗北していった。

高慢で差別的だと批判されるトランプだが、素顔は違うとの声もある。「実際は知的で米国への深い思いがある」。擁護するのは、候補者選びの元ライバルでトランプ支持に回った黒人の元神経外科医カーソンだ。

黒人の受刑率が高い現状にトランプは心を痛めていると証言。「貧困層が多い都市部で学校崩壊が進み、人々が悲惨な人生を強いられている問題の解決も願っている」と語った。

トランプは白人労働者を中心に票を集めたが、女性やマイノリティーの支持獲得には苦慮した。

ホワイトハウス入りしてからもセールスポイントである奔放な言動を貫くのか、威厳のある大統領へと脱皮するのか。トランプの正体を見極めようとする国民の目が厳しさを増すのは必至だ。

レーガン追い、野心　政党転々のカメレオン

「レーガンとサッチャーのような関係を築きたい」。大統領選で勝利した後の2016年11月10日、トランプは英国のメイ首相と電話会談し、レーガン米大統領とサッチャー英首相のような強い関係の構築に期待を示した。冷戦期に両首脳は米英を引っ張り、ソ連と対峙した。

トランプは自著にレーガンと握手する写真を掲載し、「私のヒーロー」とつづっている。カリフォルニア州知事を経て大統領を目指したレーガンをトランプは不動産企業を経営する父と共に資金面から支えた。

「米国を再び偉大にしよう」。レーガンは1980年の大統領選でこう訴え、勝利した。トランプ

トランプと政治巡る経過

1980年	「ヒーロー」とあがめたレーガンが大統領選当選
87年	共和党から88年大統領選への出馬が取り沙汰されたが不出馬
99年	第3政党「改革党」入り
2000年	大統領選出馬目指したが断念
01年	民主党員に登録、クリントン支援
03年	共和党員に
05年	民主党員に
09年	共和党員に
11年	無党派に
12年	共和党員に
16年	大統領選に出馬、当選

写真はゲッティ

は今回の選挙でほぼ同じスローガンを掲げた。「レーガン以来の大規模減税を実施する」とも繰り返し、有権者の心をとらえた。

ハリウッド俳優だったレーガンと、テレビ番組でお茶の間を沸かせたトランプ。保守本流の政治家ではない。いずれも離婚歴があるなど共通点はあるが、米政治学者の一人は「保守的な哲学を貫いたレーガンと違い、トランプは実利を重視する」と分析。「議会と合意できるなら喜んで公約を方針変更するだろう」と話す。

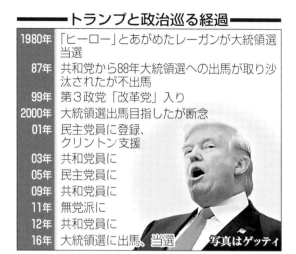

「政治カメレオン」。辛口の評論家はこう皮肉る。大統領選出馬の機会をうかがい、支持政党を頻繁に変えたためだ。

83年にニューヨーク5番街にトランプ・タワーを建てた後、87年に共和党に入り、大統

トランプ（右）はレーガン元大統領（中央）を「私のヒーロー」とあがめていた（アフロ）

領候補を目指したが断念。「二大政党制に飽き飽きした」として、99年に第3党の「改革党」に移った。

2000年の選挙もうまくいかず、01年に民主党にくら替え。当時ニューヨーク州選出の上院議員で、今回の大統領選を戦った相手であるクリントンに献金していた。その後も共和党と民主党の間を行き来し、12年に共和党に戻った。

度重なる転向は「政治信条がない証拠だ」との批判もあるが、トランプは出馬に向けて「現実的に行動した」と語っている。

周囲に耳傾ける指導者　「心理単純」の分析も

「明るい色がいいな。君はどう思う?」。工事に使う岩の多彩な色見本を見ながら、トランプが作業員一人一人に声をかけた。大半が選んだのは、好みとは違う落ち着いた色。だが我を通すこともなく素直に従った。

1998年12月、フロリダ州ウェストパームビーチにトランプが建設中だったゴルフ場での光景。ワシントン・ポスト紙の元調査報道担当記者でトランプと長年の親交があるロナルド・ケスラーは「本心からみんなの考えを聞きたそうだった。他人の意見を重んじる人物との印象が残った」と振り返る。

選挙戦でトランプは傍若無人な振る舞いが批判を集めた。反発する市民の嫌悪感を、民主党副大統領候補だったケーンは「ワンマンの壊し屋」と代弁した。

だがケスラーは「実際は穏やかで他者への気遣いができ、物事の細部にも気を配る人物だ。テレ

トランプの発言と弁明　※写真はゲッティ

2005年9月の発言
（テレビ番組収録の際、移動中のバスで）
既婚者を抱こうとしたが、失敗した。その後、偶然会ったら、偽物のでかい胸になっていた
きれいな女には自然に引き寄せられ、キスし始めるんだ。磁石みたいにね。待つなんてことはしない
（自分のような）有名人なら、女は何でも許してくれる。下半身をまさぐるんだ。何でもできる
16年10月9日の弁明
（米大統領選第2回候補者討論会で）
家族と国民に謝罪する。（男性同士で品のない会話もする）「ロッカールームの会話」みたいなものだ
私は女性を非常に尊敬している。私ほど女性を尊敬している人はいない
ビル・クリントン（元大統領）はもっとひどい。私は言葉だけだが、彼は行動に移した。米政治で前代未聞の女性蔑視だった

ビで見る姿とは全然違う」と証言。「実際的に問題を解決しようとする良い大統領になる。一部の人が持つ不安は取り越し苦労に終わるだろう」と太鼓判を押す。

「思慮深く知的」（共和党候補指名を争った黒人元医師カーソン）

「紳士であり、よき父親だ」（元ニューヨーク市長のジュリアーニ）

　トランプの仲間は口をそろえる。

　一方、トランプが87年に出版した自伝の共著者トニー・シュワルツは「信念がない」とトランプを批判。「知識も浅い。だからこそ人の意見に頼る」と手厳しい。素顔はどちらなのか。

「報酬を求める気持ちがずば抜けて強い一方、傲慢で同情心や慎み深さに欠ける」。心理学者の立場からトランプを分析したノースウェスタ

有名人との派手な交友も好んだ。マイケル・ジャクソンと（アフロ）

ン大のダン・マクアダムス教授は、選挙戦を通じて見せた姿こそが本性だとし「隠された裏の顔はない」と話した。

「時折優しさを見せることもあるが、気難しいと言われることを大いに楽しんでいる。大統領としてどう振る舞うのかは見通せない」。マクアダムスは「心理に深さがあると思ったが、実際はそうでもなかった」と考えている。

◎トランプ・ファミリーの系譜

ドナルド・トランプ（70）の父方の祖父母はドイツ出身の元移民だ。父の故フレッドは不動産業で成功し、5人きょうだいは裕福な幼少期を過ごした。母の故マリー・アンもスコットランドの島から単身船で渡米した元移民だ。

トランプが酒を飲まないのは、兄の故フレッド・ジュニアがアルコール依存症で早世したからだとされる。姉マリアン（79）は連邦高裁上級判事で、エリザベス（74）は映画プロデューサーと結婚。弟ロバート（68）は不動産業を引退し、選挙戦にはほぼ姿を見せなかった。

トランプは3度結婚。最初の妻イバナ（67）はチェコスロバキア（当時）出身の元モデルで、長男トランプ・ジュニア（38）、長女イバンカ（35）、次男エリック（32）の3人をもうけた。2番目の妻マーラ（53）との間には次女ティファニー（23）がいる。

今の妻はスロベニア出身の元モデル、メラニア（46）。三男バロン（10）が生まれた。孫は現在8人。イバンカとユダヤ系米国人の夫クシュナー（35）の長女アラベラ（5）のかわいい動画は話題を呼んだ。

（年齢は2016年11月時点）

家系図
父　フレッド
(1905−99年)
ドイツ出身の元移民の息子。不動産業で財を成す
母 マリー・アン
(1912−2000年)
スコットランド移民
姉
連邦高裁上級判事
マリアン・トランプ・バリー(79)
兄
元パイロット。アルコール依存症になり死亡
フレッド・ジュニア
(1938−81年)
姉
映画プロデューサーと結婚
エリザベス
(74)
弟
不動産業引退状態
ロバート
(68)
ドナルド・トランプ
(70)
元妻
イバナ(67)
1977年結婚、92年離婚
チェコスロバキア（当時）出身の元モデル
三男
バロン(10)
妻
メラニア
(46)
2005年結婚
スロベニア出身。元モデル
次女
ティファニー
(23)
元妻
マーラ(53)
浮気の末に93年結婚。99年離婚
米ジョージア州出身。元女優・モデル
〈妻〉
長男
ドナルド・トランプ・ジュニア(38)
〈夫〉
クシュナー
(35)
長女
イバンカ
(35)
次男
エリック
(32)
孫
孫
孫
孫
孫
孫
孫
孫
アラベラ
(5)

※米メディアなどによる。敬称略。
年齢は2016年11月時点。
写真はAP、UPI、ゲッティ

トランプ演説集

――「外交演説」から「勝利演説」までの要旨

（アフロ）

外交演説

（2016年4月27日、ワシントン）

●演説の要旨

米外交のさびを落とす時だ。私は常に米国人の利益、米国の安全を最優先にする。

米国は１９４０年代、ナチスや日本の帝国主義を追い払い、世界を救った。全体主義的な共産主義からも世界を救った。だが、時とともに外交政策は迷走を始め、中東で過激派組織「イスラム国」（ＩＳ）が成長する余地を与えてしまった。

米国の外交政策は完全に失敗している。ビジョンも目的も、方向性も戦略もない。主な弱点を五つ指摘したい。まず、オバマ大統領は経済を低迷させることで軍を弱くしてしまった。米国人の雇用を取り返し、軍を立て直す財源を確保すべきだ。

次に、同盟国が相応の負担をしていないことだ。米国が守っているのに、そのコストを払わない国には、自力で防衛してもらう。

三つ目は、友好国が米国には頼れないと考え始めていることだ。オバマはイランとひどい取引をした。エジプトの友好的な政権を排除し、ムスリム同胞団が権力につくのを支持した。イランを厚遇、イスラエルを冷遇した。中東の同盟国の犠牲のもと、イランが強大化してしまった。

ライバル国が米国を軽視しているのが四つ目。北朝鮮の核開発の拡大にも、オバマは無力だった。中国が米国の雇用や富を奪い続けるのを許し、北朝鮮への影響力行使を迫れなかった。

最後は、米国が明確な外交目標を見失ったことだ。中東をかつてなく不安定にし、キリスト教徒を迫害や虐殺の危機にさらしてしまった。敵は過激なイスラム教徒たちなのに、オバマはそれさえも明言しない。

過激なイスラム教徒の拡大を止めるため、イスラム圏の同盟国と緊密に連携する。国内でも、無分別な移民政策で過激主義が流入するのを許してはならない。私が大統領になれば、ISはすぐにいなくなるだろう。

米経済を強くするには、他国が追いつけず、技術の優位性が保てる分野を賢く考える必要がある。3Dプリンターの技術や人工知能（AI）、サイバー戦の分野だ。

ロシア、中国とは深刻な溝があるが、共通の利益に基づく一致点を模索すべきだ。ロシアと合意できないなら、すぐに交渉の席を立つ。単純な話だ。米国が強く賢くなれば、中国も今より友好的になるだろう。中国の南シナ海での行動を見てみればいい。あんなことをさせてはいけない。

北大西洋条約機構（NATO）との協議は、財政面だけではとどまらず、時代遅れになった冷戦期の任務や組織構造を改める必要があるだろう。国民を誤ったグローバリズムに引き渡すことは、もうしない。自国の問題を制御できなくするような合意には関わらない。例えば、北米自由貿易協定（NAFTA）は米国の製造業を空洞化させてしまった。

米国が強い時に、世界は最も平和で繁栄するのだ。米国は平和維持の役割を果たし続ける。そのために、もう一度強い米国にすることが必要だ。

指名受諾演説

（2016年7月21日、オハイオ州クリーブランド）

●演説の要旨

◎大統領候補指名を謹んで感謝の気持ちを持って受諾する。

◎共和党がホワイトハウスを奪還し、米国の安全、繁栄、平和を取り戻す。「法と秩序」を重んじる国にする。

◎政治的に正しい言葉遣いをすることにこだわっている余裕はない。

◎オバマ大統領は連邦政府の借金を19兆ドル（約2千兆円）超とほぼ倍増させた。借金は今も増えている。

◎イランとの核合意では、イラン側は（制裁解除で）1500億ドルを取り戻すのに、米国は何も得るものがない。歴史上最もひどい取引だ。

◎民主党のクリントンが国務長官を務めた結果、米国の治安は悪化し、世界は不安定になった。

◎クリントンを（本選の）11月に打ち負かそう。

◎クリントンが国務長官になる前には過激派組織「イスラム国」（IS）は地図上に存在しなかった。

◎クリントンの業績は死と破壊、テロと弱さだ。指導者の交代が必要だ。
◎クリントンとの最も重要な違いは、米国のことを第一に考えるということだ。グローバリズムではなく米国主義を信条とする。
◎大企業や大手メディア、大口献金者から大金を受け取っているクリントンは彼らの操り人形だ。変革はもたらせない。
◎毎日、目覚めるたびに、無視され見捨てられた人々がより良い暮らしを実現できるように決意する。懸命に働きながら声を上げられない人々がいる。私があなた方の声だ。
◎クリントンは国務長官時代に私用サーバーに電子メールを違法に保管し、国を危険にさらしたが、うそをつき何の罪にも問われていない。
◎私ほど世の中の仕組みを熟知している者はいない。修復できるのは私だけだ。
◎テキサス州ダラスで残忍な方法で警官が殺害され、米国は衝撃を受けた。ルイジアナ州バトンルージュでも警官が射殺された。私が来年、大統領になれば、米国の法と秩序を回復する。
◎オバマ政権は教育、雇用、犯罪対策など内政の全てにおいて失敗してきた。私が大統領になれば、全ての子供たちが平等に扱われ、守られるように取り組む。

◎国外からの増大する脅威に対処しなければならない。野蛮なＩＳを早急に打ち倒す。

◎イスラム過激派による損害や破壊は繰り返されてきた。

◎フロリダ州オーランドでは、49人の素晴らしい米国人が、残忍な方法でイスラムのテロリストに殺された。ＬＧＢＴ（性的少数者）が標的となった。大統領としてあらゆる権限を使ってＬＧＢＴを守る。

◎クリントンがイラク、リビア、エジプト、シリアで進めた体制転換という誤った政策は放棄すべきだ。ＩＳ壊滅とイスラムテロ一掃という目標を共有する全ての同盟国と共に取り組みを進めなければならない。

◎北大西洋条約機構（ＮＡＴＯ）はテロと戦うため新たな計画に取り組むとされている。正しい方向への一歩だ。

◎テロに屈した国からの移民は、直ちに停止しなければならない。身元調査の体制を整える必要がある。

◎米国の価値観を支持し米国民を愛する人々の入国しか認めたくない。

暴力、憎悪、抑圧を支持する人物を決して歓迎しない。

◎数十年間にわたる移民受け入れが、特に黒人や中南米系の賃金低下と高失業率を招いてきた。米国民のために機能する移民制度を構築する。

◎不法移民、犯罪者、違法薬物の流入を止めるため（メキシコとの）国境に巨大な壁を建設する。

◎ビジネスで巨万の富を築いてきた。今度は、米国を再び豊かにする。ひどい貿易協定を素晴らしいものに変える。

◎クリントンは、米国の雇用を喪失させる韓国との貿易協定を支持した。

◎ＴＰＰは米国の製造業を壊滅させ、米国を外国政府の決定に従わせることになる。自由や独立を制限する貿易協定は拒否する。その代わりに、個々の国と個別に取り決めを結ぶ。

◎中国による知的財産の窃取、ダンピング（不当廉売）、為替操作をやめさせる。

◎クリントンは大幅な増税を検討しているが、私は最大規模の減税を打ち出した。中間層や企業には大幅な減税となる。税制は簡素化する。

◎オバマケア（医療保険制度改革）は廃止し、新たな制度をつくる。
◎劣化した米軍を完全に立て直す。米国が巨額の経費を使って防衛する国々に対し、応分の負担を求める。
◎（急死した保守系の）スカリア連邦最高裁判事に近い考えを持った判事を後任に指名する。
◎クリントンは（武器保有の権利を認めた）合衆国憲法修正2条の廃止を望んでいる。私は全ての米国人が家族の安全を守る権利を擁護する。
◎米国が難局に対処し、今も自由で独立した強い国であることを世界に示すことができるか、歴史が注視している。
◎あなた方のために戦い、勝利する。
◎米国を再び強く、誇り高く、安全にする。米国を再び偉大にする。

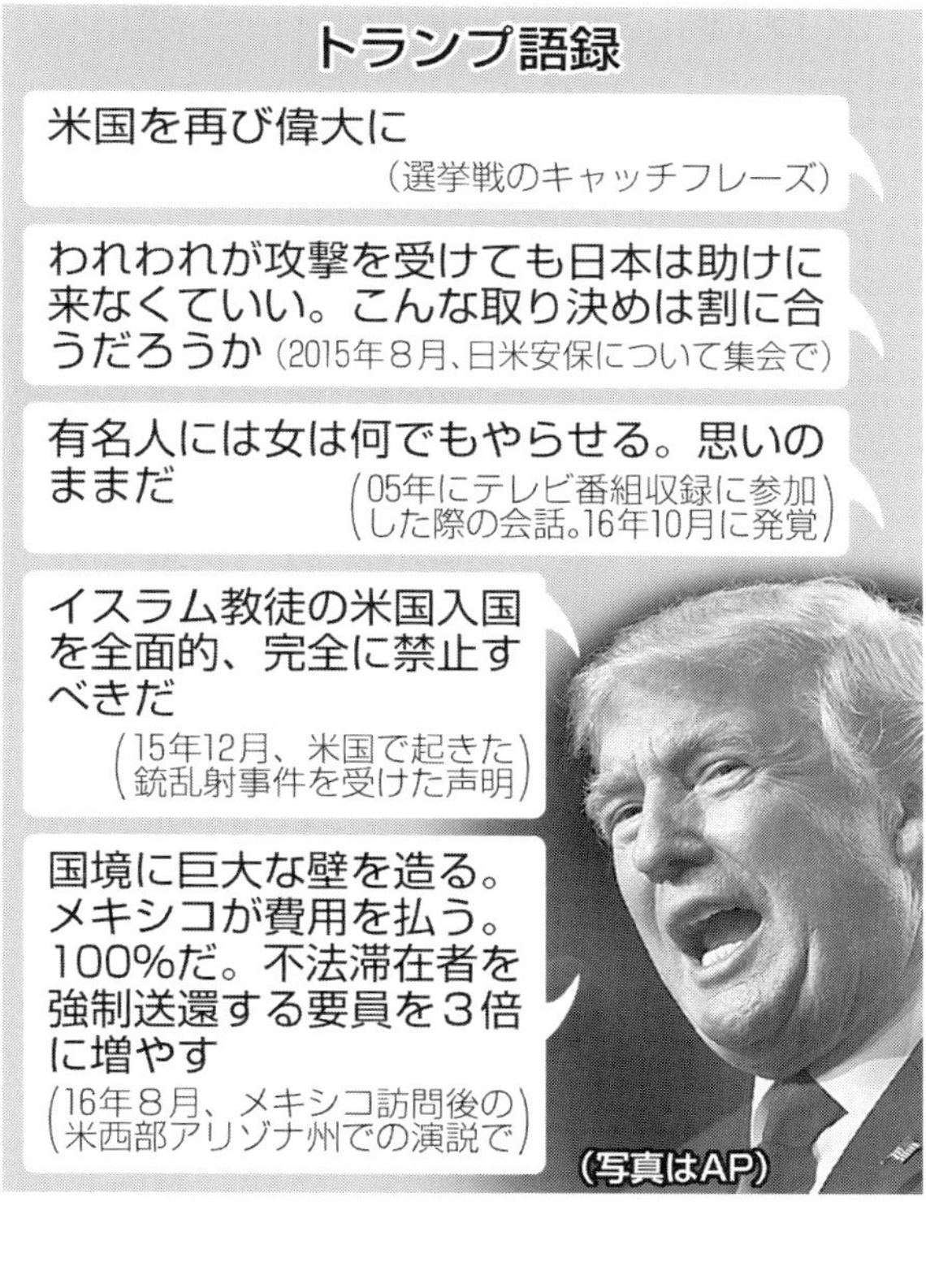
トランプ語録
米国を再び偉大に
（選挙戦のキャッチフレーズ）
われわれが攻撃を受けても日本は助けに来なくていい。こんな取り決めは割に合うだろうか（2015年８月、日米安保について集会で）
有名人には女は何でもやらせる。思いのままだ
（05年にテレビ番組収録に参加した際の会話。16年10月に発覚）
イスラム教徒の米国入国を全面的、完全に禁止すべきだ
（15年12月、米国で起きた銃乱射事件を受けた声明）
国境に巨大な壁を造る。メキシコが費用を払う。100％だ。不法滞在者を強制送還する要員を３倍に増やす
（16年８月、メキシコ訪問後の米西部アリゾナ州での演説で）
（写真はAP）

100日計画

（2016年10月22日、ペンシルベニア州ゲティスバーグ）

●演説の要旨

リンカーンは前例のないほどの社会の分断の中で大統領を務めた。今、われわれが抱えている分断に対処するにあたり、リンカーンの例に習えればというのが私の願いだ。われわれは大きく引き裂かれている。

私は政治家ではないし、政治家になりたいと思ったこともなかった。しかし国の苦難を目の当たりにし、もう見ているだけでは耐えられなくなった。

ワシントンやウォール街で物事がどう動いているのか私は知っている。私は彼らが、普通の米国人に背いてそのルールを悪用していることを知っている。変革は崩壊した制度の外から訪れるべきなのだ。われわれの制度は完全に操られ、崩壊している。

私の選挙運動を妨害しようと女性たちがうそをついた。選挙が終われば、すべてのうそつき女性らを訴える。ヒラリー・クリントンは私と争っているのではない。彼女は変化に反対しているのだ。

以下は再び米国を偉大にするため、私の100日行動計画だ。ドナルド・トランプと有権者との契約だ。

●大統領就任初日に、腐敗を一掃するため、六つの手段を取る。

第一、連邦議員の任期制限のため憲法修正。

第二、軍などを除く連邦職員の雇用凍結で自然減を図る。

第三、新たな連邦規制を一つ導入する際には二つの既存の規制を撤廃することを義務づける。

第四、ホワイトハウスや議会職員は退職後5年以内のロビー活動禁止。

第五、ホワイトハウス職員が外国政府のロビイストになることは生涯禁止。

第六、外国のロビイストが米国の選挙費用を集めることを禁止。

●米国の労働者を守るために同じく就任初日に七つの強力な行動を起こす。

第一、北米自由貿易協定（NAFTA）の再交渉か離脱。

第二、環太平洋連携協定（TPP）からの撤退表明。

第三、中国を為替操作国に認定する。

第四、米国の労働者に悪影響を与える国際取引の乱用を特定し根絶。

第五、シェールオイルや天然ガス、クリーンな石炭などエネルギー生産の規制撤廃。

第六、エネルギー・インフラ投資の障壁除去。カナダと結ぶキーストーン原油パイプラインの建設推進。

第七、国連の気候変動に関する計画への資金拠出停止。その資金は国内インフラ修復に充てる。

●加えて、就任初日に治安と法の支配の回復に向け、五つ行動を取る。

第一、オバマによる憲法違反の大統領令をすべて撤廃。

第二、（欠員となっている）最高裁判事の人選手続きを始める。

第三、（移民を保護する）「聖域都市」への連邦補助金の中止。

第四、２００万人以上の犯罪歴のある不法移民の送還と、それを拒否する国はビザ（査証）の発給中止。

第五、テロ発生地域から移民の一時受け入れ停止。

●次に就任から１００日以内に議会と協力し次の立法措置を取る。

◎年４％の経済成長と２５００万人の雇用創出のための減税と税制度の

簡素化。
◎官民連携と税政優遇などを通じてエネルギーとインフラに10年間で1兆ドルを投資する。
◎医療保険制度改革（オバマケア）の全廃。
◎不法移民の流入を防ぐため、メキシコとの国境に壁を建設。費用はメキシコに負担させる。
◎国防費を強制削減の対象から外し、軍事部門への投資を進め、退役軍人への福祉も充実させる。
これが公約だ。私は再び米国を偉大にする。

＊選挙勝利後の11月21日に、ユーチューブで発表した演説では、就任初日に実施できる政策の一覧をつくったと述べた。内容は ①環太平洋連携協定（ＴＰＰ）脱退を通告する。代わりに公平な2国間貿易協定を目指す ②エネルギー関連、例えばシェールガス、環境負荷の少ない石炭などの分野で雇用創出の妨げとなっている規制を撤廃する ③一つ規制をつくったら二つ撤廃するルールをつくる ④国内の基幹インフラをサイバー攻撃など全ての攻撃から守るための包括的計画をつくる ⑤移民問題で労働省にビザ（査証）申請で不正がないか調べさせる ⑥退職した政府高官がロビー活動をすることを5年間禁じる。他国政府のためのロビー活動は完全に禁止する——

勝利演説

（2016年11月9日、ニューヨーク）

●演説の要旨

皆さん、ありがとう。先ほどクリントンから電話があり、われわれの勝利を祝福してくれた。そして私は非常に厳しい戦いとなった選挙戦に関し、彼女と彼女の家族を称賛した。われわれは彼女の米国への貢献に対し、深く感謝しなければならない。

いま米国は分断で負った傷を癒《い》やさなければならない。共和党員、民主党員、無党派の人たちに申し上げたい。今こそ国民が一つになって結束する時だ。私は全ての米国人のための大統領になることを誓う。

米国を再建し、アメリカンドリームを復活させる緊急の任務から始め、全人生を未開発で可能性を秘めたプロジェクトなどに費やしたい。

全ての国民が自分の可能性をフルに引き出せる機会を持てるようにする。インフラを再建し、それによって何百万人もが職を得るだろう。われわれは偉大な経済計画を持っており、成長を倍増させ、世界において最強の経済を持つ。

フロリダ州での勝利演説後、満面の笑みのトランプ（ロイター＝共同）

同時にわれわれと良い関係を築こうとする全ての国々と、われわれは良い関係を持つだろう。

国際社会に訴えたい。われわれは常に米国の利益を第一とするが、どの国とも公平に付き合うと。敵意や摩擦ではなく、共通の立場、パートナーシップを追求する。

あなたたちの大統領になることを、とても楽しみにしている。2年、3年あるいは8年後になるかもしれないが、あなたたちが（今回の選挙戦のことを）誇りに思えるようにしたい。

新政権とアメリカを知るキーワード

アメリカ大統領選を通じてさまざまな流行語が生まれた。マスコミを通じて多用された言葉から、新政権の輪郭やアメリカの実像が浮かび上がる。

【隠れトランプ】

女性蔑視の下品な発言や、排外主義の主張が目立ったトランプに、内心では共鳴しても、自分が人種差別や女性差別をする人間だと思われないように支持を明確にしなかった人々。女性や高学歴者に多いと言われる。トランプ優勢の世論調査を発表していた調査機関によると、共和党候補指名争いの電話調査で、人間に対しては回答しないが、コンピューターの声にはトランプを支持すると回答する人が多かった。本選の調査で「近所の人たちは誰を支持していますか」との問いを加えるとトランプの支持率は一層高くなり、自らは立場を明らかにしない隠れトランプ派がかなりいると判明した。

【ラストベルト】

ラストは「さび」、ベルトは「地帯」。東部から中西部にかけて広がる「さびた工業地帯」と呼ばれる地域を指す。ペンシルベニア、オハイオ、インディアナ、ミシガン、ウィスコンシンなどの諸州で、かつては鉄鋼、自動車など主要産業の中心地として、世界最大の経済大国である米国の成長を支えたが、こうした産業は1970年代以降の国際競争で衰退。トランプの保護主義、反グローバル化の主張はこの地域の労働者の支持を集め、激戦州オハイオや、長年民主党の地盤だったペンシルベニア、ウィスコンシンの勝利につながった。

【ポピュリズム】

大衆迎合政治。大衆を意味するラテン語のポプルス(英語のピープル)に由来する。庶民の味方の姿勢を強調し、大衆受けする主張で支持を集める。移民や外国人など敵をはっきりさせて大衆を扇動したり、政策の実現性を無視して人気取り政策を掲げたりすることがあり、国民投票など直接民主主義の手法を重視する傾向もある。トランプのほか、英国で欧州連合（EU）離脱の旗振り役だった英独立党のファラージ元党首や、フランスで左派の地盤を切り崩している極右政党「国民戦線」のマリーヌ・ルペン党首が代表例。

【白人至上主義】

秘密結社「クー・クラックス・クラン（KKK)」が代表格。トランプは共和党候補指名争いで、KKK の元最高指導者の支持表明に対し、受け入れ拒否を明言しなかった。大統領選直後から全米で白人至上主義者による少数派への嫌がらせ事件が増えたとの報道が相次いだ。トランプは側近人事で、右派ニュースサイト「ブライトバート・ニュース」会長のスティーブン・バノンを首席戦略担当兼上級顧問に選び「白人至上主義者を政府頂点に招き入れた」(民主党上院議員）と批判されている。

Make America Great Again

「アメリカを再び偉大に」。トランプが選挙戦でアピールし続けたスローガンがこれだ。トランプの認識では、アメリカは軍事的にも経済的にも競争力を失っており、国防予算を増大して軍事力を強化するとともに、アメリカ人の雇用を奪う移民の流入を規制したり、自由貿易協定を見直すなどして、強い経済を取り戻そうと訴えた。ただ、アメリカの真の偉大さは、自由や公正、多様性といった価値観にあり、軍事力や経済力は表面的なものにすぎないとの反論も聞かれた。

You are fired

「You are fired !」トランプの決めポーズがこれ（アフロ）

2004年からNBCテレビで放送されたリアリティー番組「アプレンティス」で、トランプはホストを務めた。アプレンティスは「見習い」の意味で、トランプの会社に就職を希望する一般市民10数人がグループに分かれて、トランプの出すビジネス課題に取り組む様子を放送し、人気を博した。毎回1人決まる脱落者に対して、トランプが言い渡す「You are fired（おまえはクビだ）」のせりふは流行語になり、トランプの名前は全米に知られるようになった。

【壁】

トランプは、主にメキシコからやってくる移民が米国人から職を奪っているとして、「メキシコとの国境に万里の長城のような巨大な壁を築く。費用はメキシコ政府に払わせる」と繰り返し主張し、経済的苦境に置かれた白人ブルーカラー労働者層の支持を得た。選挙に勝利した後は、「必ずしも壁である必要はない。フェンスに置き換えられる場所もある」と、ややトーンダウンしたが、移民対策をトランプ政権の最優先課題の一つとする姿勢に変わりはない。

【アメリカ・ファースト】

「アメリカ第一主義」。あらゆる面において、アメリカの利益を最優先にする考え方で、トランプは選挙戦の最中に行った外交演説で、これを自らの外交政策の中心に据えると宣言した。対外関係では孤立主義、通商政策では保護主義が強まるとみられ、アメリカが中心になって築いてきた冷戦後の国際秩序が、トランプ政権下で崩壊の危機に瀕するのではないかと懸念する声が聞かれる。実業家のトランプは外交交渉もビジネスの取引と考え、損得だけを基準にする恐れも指摘される。

【分　断】

今回の大統領選で浮き彫りになったのが、アメリカ社会の分断だ。トランプ支持者は「反エスタブリッシュメント（既存の支配層）」でまとまり、支配層の一部とみなす新聞やテレビなど伝統的メディアの報道を一切信用せず、トランプ自らが発するツイッターのメッセージや、排他的な保守系ネットメディアしか目にしないと言われた。クリントンの支持者は選挙結果判明直後から「（トランプは）私の大統領ではない」とのプラカードを掲げ、全米各地で「反トランプ」デモを展開、分断の溝は深い。

【真実後の政治】

英語はポスト・ツルース・ポリティクス。客観的事実でなく有権者の感情に訴えて人気を得る手法でトランプ陣営が活用した。「オバマは米国生まれでなく大統領の資格なし」「メキシコ移民はレイプ犯」「温暖化論は中国のでっち上げ」などがその例。明らかな虚偽だが、オバマ嫌いや反移民派、温暖化対策で職を失う炭鉱労働者は喝采を浴びせた。オックスフォード英語辞典は「真実後」を 2016 年の言葉に選んだ。

入門《にゅうもん》　トランプ政権《せいけん》

発行日　2016年12月26日　第1刷発行
監　修　杉田弘毅
編　集　一般社団法人 共同通信社
発行人　岩永陽一
編集協力　沢井俊光
執筆者　浅見英一、井手壮平、伊藤仁志、磐村和哉、遠藤幹宜、上村 淳、軍司泰史、篠原雄也、清水敬善、武井 徹、竹本篤史、田中光也、豊田祐基子、長尾 寛、丹羽祐二、野崎亮、牧野記久、松島芳彦、吉無田修、渡辺陽介（五十音順）
発行所　株式会社共同通信社（K.K.Kyodo News）
〒105-7208　東京都港区東新橋1-7-1　汐留メディアタワー
電話（03）6252-6021
印刷所　大日本印刷株式会社

乱丁・落丁本は郵送料小社負担でお取り換えいたします。

ISBN978-4-7641-0696-3　C0031　※定価はカバーに表示してあります。